Tips für Yoga

Yoga für jeden Tag

Lieber Hart[illegible]

Alles Gute [illegible]

Geburtstag wünschen

Dir Marion, Wolfgang

und die Australier

Michelle + John.

Anliegendes Buch soll

Dir zu Entspannungs-

übungen am, auf

oder neben dem

Schreibtisch im HG

dienen. Wenn Du

dann noch Zeit

haben solltest Gerd.

auch in späteren Jahren
kannst Du Dich dann
der Pflege des
ebenfalls beiliegenden
Gummibaumes
(Nach Angaben des
Gärtners ein „Klein-
blättriger Gummibaum,
das erhöht die Arbeits-
intensität) widmen.
Viel Spaß bei der
Ablenkung und denk
daran: Es kann und
(vor allen Dingen muß)
besser werden
Alles Gute!
Viel Glück und Erfolg Mason

Helga Polet-Kittler

Tips für Yoga

Yoga für jeden Tag

Zyklus für einen Monat
mit Anleitungen für Meditation
und Übungen

Meyer & Meyer Verlag Aachen

Helga Polet-Kittler

Tips für Yoga

Yoga für jeden Tag

CIP-Kurztitelaufnahme der Deutschen Bibliothek:

Polet-Kittler, Helga:

Tips für Yoga — Yoga für jeden Tag,
Aachen: Meyer und Meyer, 1988

ISBN 3-89124-059-7

Aus dem Französischen übersetzt
von Heidi und Jörg Schimpf

Einbandgestaltung: Franz-Josef Mehlkopp, Schwalmtal
Schrift: Times
Druck: Arends, Bruchhausen-Vilsen
Printed in Germany 1988

Inhaltsverzeichnis

Geleitwort

Ich könnte das Handbuch von Madame Polet-Kittler nicht besser einleiten als indem ich ohne Umschweife sage, was ich als Arzt davon halte, anstatt mich auf einige mehr literarische als realistische Phrasen zu beschränken.

Täglich begegne ich Menschen, die das moderne Leben hin- und herwirft und mißhandelt, und die in der Hoffnung, dadurch ihre Lebensfreude sofort wiederzugewinnen, Beruhigungsmittel (Psychopharmaka) benützen, womit sie sich vergiften.

Madame Polet-Kittler ist es gelungen, in kurzer, klarer Form eine Sammlung von Übungen zusammenzustellen, die bei kleinstem Aufwand als wirksames, sofort ansprechendes Mittel zur Erlangung des seelischen Gleichgewichts dienen.

Dazu kommt noch ein Gedanke für jeden Tag, dem der Leser seine besondere Aufmerksamkeit schenken wird, denn er ist einleuchtend und schön. Beides zusammen ergibt eine Schule, deren Auswirkung so wohltätig sein kann, daß ich sie wärmstens empfehlen möchte.

Dr. med. H. Witteveen

75

76

78

89

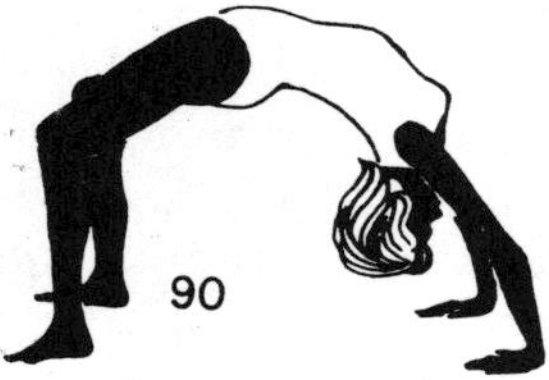
90

101

103

105

106

Vorwort

In unserer modernen Gesellschaft, wo Leben und Geschwindigkeit häufig sich paaren, wollen oder können sich nur wenige Menschen die nötige Zeit nehmen zur Pflege von Körper und Geist. Deshalb habe ich - mit dem Ziel, daß Sie diese Zeit gewinnen mögen - ein Programm für Sie ausgedacht. Sie finden darin Atemübungen, für jeden Tag einen ausgewählten Gedanken zur Meditation und einige Körperübungen.

Manche Übungen werden Ihnen besser gefallen, andere weniger. Dann arbeiten Sie ruhig mit diesen und lassen die andern weg. Vor allem machen Sie niemals solche, die nicht für Sie geeignet sind. Denn jedermann hat sein eigenes Gesetz des Handelns. Im übrigen finden Sie für jede Übung und Stellung angegeben, wofür sie geeignet und wofür sie nicht geeignet sind.

In der Hoffnung, daß Ihnen dieses kleine Buch die Ruhe, das Glück, das Gleichgewicht für Körper und Geist bringt, das heutzutage jedem so not tut, wünsche ich Ihnen guten Erfolg und Ausdauer.

Helga Polet-Kittler

14

46

58

47

45

60

70

62

71

72

Einführung

Yoga kommt aus Indien zu uns, wo seine Anhänger, die Yogis, diese Lehre jahrhundertelang in mündlicher Überlieferung weitergegeben haben. Obwohl in der westlichen Welt erst seit wenigen Jahrzehnten bekannt, hat Yoga auch hier schon einen großen Widerhall gefunden.

Welche andere Methode könnte wohl besser dem Ausgleich des Körperhaushalts und der Beherrschung von Körper und Geist dienen? Der harmonische Ablauf unserer organischen und nervlichen Funktionen ist durch kein anderes Verfahren besser gewährleistet als durch die Nutzung des kontrollierten Atemrhythmus.

Yoga eignet sich für jeden, ungeachtet seiner Weltanschauung. Die Übungen begünstigen das Entstehen eigener Erkenntnisse und tragen somit zur Entwicklung der Persönlichkeit bei, führen aber nicht notwendigerweise zur Entdeckung mystischer Horizonte. Dies ist ein anderes Problem. Hierin ein einfaches Rezept für philosophische Spekulationen sehen zu wollen, wäre ein verhängnisvoller Irrtum. Zwar ist für die Ausführung der Übungen ein Klima völliger seelischer Entspannung unerläßlich; das heißt aber nicht, daß man sich in allerlei esoterische Meditationen vertiefen soll.

In diesem - lediglich im Hinblick auf die praktische Anwendung konzipierten Handbuch soll Yoga nur als Mittel zur Erlangung eines guten körperlichen und seelischen Gleichgewichts dienen. Klima und Lebensart sind bei uns anders als in Indien; um einen größtmöglichen Gewinn aus dem Yoga zu ziehen, müssen wir dieses also unseren Bedingungen anpassen. Die wenigen

Privilegierten, die zur Entwicklung höherer Einsichten gelangen, sagen sich endgültig von der Welt los, um sich in ein Aschram (Kloster) zurückzuziehen.

Die Zielsetzung des Yoga wird im einzelnen in zahlreichen ausgezeichneten Büchern behandelt. Dieses kleine Handbuch, das auf meiner persönlichen Erfahrung beruht, soll jedem die Möglichkeit geben, die schwachen Punkte seines Körpers zu kräftigen, um auf diese Weise Gesundheit, Kraft und Geschmeidigkeit zu erlangen. Es bietet eine progressive Folge verschiedenartiger Übungen.

Vorbereitende Übungen sind unerläßlich; tägliche Praxis ist gleichfalls äußerst wichtig. Unter keinen Umständen sollten Etappen übersprungen werden: Es wäre grundlegend falsch, Fortschritte erzwingen zu wollen. Ebensowenig sinnvoll ist es, zu viele Übungen auf einmal machen zu wollen. Wenige, in Ruhe und Entspannung vorschriftsmäßig durchgeführte Übungen bringen bessere Ergebnisse als zahlreiche hastig und unter nervöser Spannung ausgeführte. Eine gründliche physische Vorbereitung ist unabdingbare Voraussetzung für eine geistig-seelische Entfaltung. Zu diesem Thema empfehle ich Ihnen u. a. die Lektüre der Schriften des Swami Shri Aurobindo und des Swami Hamsananda, sowie von I. und M. de Sambucy und J. J. Laubry.

Nun wünsche ich Ihnen einen guten Anfang. Beschreiten Sie mit Ruhe und Entschlossenheit diesen neuen Weg zu einem weniger aufreibenden Leben, widerstandsfähigeren Nerven und besserer Gesundheit, den Ihnen Yoga weist. Forcieren Sie nicht Ihren Rhythmus; alles ergibt sich im langsamen Verlauf und zu seiner Zeit. Von Ihrem Durchhaltevermögen wird es abhängen, ob Sie Erfolg haben und in den Genuß der körperlichen und geistigen Frische gelangen, die der Lohn Ihrer Ausdauer sein wird.

Die sieben Chakras

Die Wirkung der Übungen wird erhöht, wenn man sich jedesmal auf eines der sieben Chakras oder Plexen konzentriert, und zwar folgendermaßen:

Nehmen Sie eine Stellung ein, die Sie aus dem Buch gewählt haben, und konzentrieren Sie sich auf das bei jeder Übung angegebene Chakra während der angegebenen Zeitdauer. Entspannen Sie sich danach. Falls Sie eine leichte Erwärmung spüren, so ist dies kein Anlaß zur Besorgnis, sondern es zeigt die Stärke Ihrer Konzentration.

Die sieben Hauptzentren der kosmischen Energie. Sie entsprechen den Plexen (Nervengeflechten) unserer Anatomie.

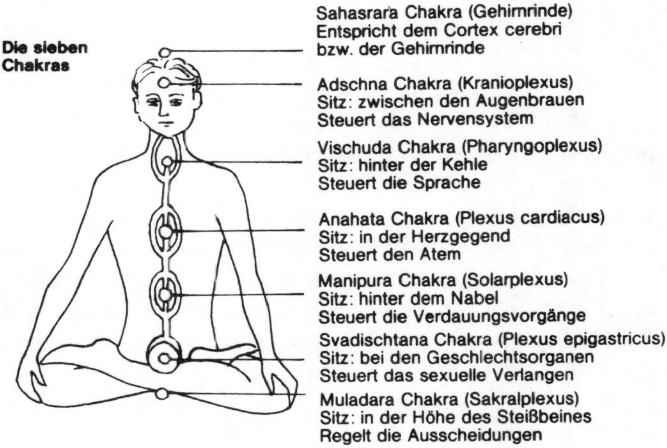

Einige Grundregeln

Der Yoga-Schüler - auch Hatha-Yogi genannt - vollzieht seine Übungen in einem langsamen, kontinuierlichen Bewegungsablauf.

Die Stellungen erfassen progressiv sämtliche Muskeln des Körpers und erfordern einen größeren Kraftaufwand, ohne das Herz zu ermüden.

Das durch die langsamen Bewegungen hervorgerufene Zusammenpressen der inneren Organe und Dehnen der Muskeln löst keinen Schock aus, sondern wirkt wie eine Massage.

Jede Übung besteht aus drei Phasen:

1. Das Einnehmen der Stellung (dynamisch)
2. Das Verharren in der Stellung (statisch)
3. Rückkehr in die Ausgangsstellung (dynamisch)

Empfehlungen

1 Machen Sie die Übungen in einem gut gelüfteten Raum und womöglich unbekleidet. Alle einengenden Kleidungsstücke sind unbedingt abzulegen.

2 Leeren Sie Darm und Blase vor Beginn der Yogaübungen. Um Verdauungsbeschwerden zu vermeiden, beginnen Sie mit den Übungen möglichst morgens nüchtern, jedoch keinesfalls sofort nach einer Mahlzeit; warten Sie eineinhalb Stunden nach einer leichten Mahlzeit, zwei Stunden nach einem vollständigen Essen.

3 Machen Sie im Interesse Ihrer Wirbelsäule keinen krummen Rücken, sondern halten Sie sich schön gerade.

4 Nichts erzwingen wollen ist eine goldene Yogaregel. Die Übungen müssen progressiv ausgeführt werden, entsprechend dem natürlichen Rhythmus des Körpers und den Gegeben-

heiten des Augenblicks. Das Atemanhalten darf niemals zur Anstrengung werden.

5 Es ist notwendig, sich nach jeder Übung zu entspannen. Die Übung beschleunigt den Herzschlag, und erst nachdem das Herz wieder in seinem normalen Rhythmus schlägt, darf mit einer neuen Übung begonnen werden.

6 Die Übung ist unvollständig, wenn sie nicht durch vorschriftsmäßiges Atmen durch die Nase begleitet wird. Tiefes Atmen ist ebenso wichtig wie gesunde Ernährung.

7 Das Sich-hinein-denken in die Übungen trägt viel zu deren Erfolg bei. Die Bewegungen sollen ruhig und entspannt ausgeführt werden.

8 Von größter Wichtigkeit für das Endresultat ist eine positive innere Einstellung zu den Übungen.

9 Ausdauer ist grundlegende Voraussetzung für die körperliche Ertüchtigung. Unregelmäßiges Üben mit längeren Unterbrechungen führt nicht zum gesteckten Ziel.

10 Den Damen sei empfohlen, während der Menstruation und nach dem dritten Schwangerschaftsmonat anstrengende Übungen, besonders der Bauchmuskulatur, zu vermeiden.

Die Yoga-Atmung

Der Arzt behandelt, doch es ist die Natur, die heilt. Man muß die Natur unterstützen. Hierzu dient die *Yoga*-Atmung.

Die Luft ist das Grundelement. Unser Leben beginnt mit einem Atemzug. Es ist die Luft, es ist die Atmung, welcher der Yogi seine ganze Aufmerksamkeit und Erfahrung widmet. Durch die Zwerchfellbewegung bewirkt die Atmung eine sanfte Massage unserer Organe. Sie aktiviert die Drüsen mit innerer Sekretion, kräftigt das Nervensystem, unterstützt den Blutkreislauf und wirkt anregend auf das Herz. Gut mit Sauerstoff angereichertes Blut trägt zur Verarbeitung der Nahrung bei und macht das Gewebe der Atemwege widerstandsfähig gegen Bakterien.

Leben heißt Atmen. Das zarte Lungengewebe muß geschont werden. Das Atemtraining muß ohne heftige Anstrengung vorgenommen werden.

Man atmet immer ausreichend ein, jedoch selten gründlich aus. *Jede Atemübung beginnt* daher *mit dem Ausatmen.* Denken Sie hieran bei jeder der nachfolgenden Übungen. Das ist *sehr wichtig.*

Überanstrengen Sie sich niemals. Machen Sie die Atemübungen entsprechend Ihrem natürlichen Rhythmus. Das Atemanhalten darf niemals die Grenzen des Wohlbefindens überschreiten.

I Die Yoga-Teilatmung

1 Knien Sie nieder, setzen Sie sich auf die Fersen, legen Sie die Hände auf den Bauch. Atmen Sie aus. Beim Einatmen füllen Sie den Bauch mit Luft. Atmen Sie aus, indem Sie den Bauch einziehen als ob Sie ihn an die Wirbelsäule drücken wollten.

2 Legen Sie die Hände auf die Rippen unterhalb der Achselhöhlen. Atmen Sie aus. Atmen Sie ein, indem Sie den Brustkorb weiten. Atmen Sie aus, indem Sie den Brustkorb zusammenziehen. Helfen Sie mit leichtem Händedruck nach.

3 Legen Sie die Hände auf die Brust, unterhalb der Schlüsselbeine. Atmen Sie aus. Atmen Sie ein, und versuchen Sie, eine leichte Hebung zu fühlen. Atmen Sie aus. Versuchen Sie, eine leichte Senkung zu spüren.

II Vollständige Yoga-Atmung

Atmen Sie aus. Dann atmen Sie langsam ein, indem Sie nacheinander Bauch und Brustkorb mit Luft füllen und schließlich die Schlüsselbeine anheben. Beim Ausatmen ziehen Sie zuerst die Bauchdecke ein, dann ziehen Sie den Brustkorb zusammen, und zum Schluß senken Sie die Schultern.

III Vollständige Yoga-Atmung mit Atemanhalten

Die vollständige Yoga-Atmung mit Atemanhalten (Kumbhaka) steigert die Willenskraft. Setzen Sie sich bequem oder stehen Sie aufrecht. Führen Sie die vollständige Atmung durch und zählen Sie dabei im Geist, wie lange Sie zum Einatmen und zum Ausatmen brauchen.

Beispiel: Angenommen, Sie zählen beim Einatmen bis 10 und beim Ausatmen bis 12. Beginnen Sie nun damit, daß Sie 10 Takte einatmen. Dann halten Sie den Atem an und zählen bis auf 5. Anschließend atmen Sie 12 Takte aus, dann halten Sie den Atem 6 Takte an. Nach einigen Tagen können Sie das Atemanhalten um 2, dann um 3 Takte verlängern. Aber erzwingen Sie nichts!

Einatmen, dabei zählen . . .
Atem anhalten, dabei zählen . . .
Ausatmen, dabei zählen . . .
Atem anhalten, dabei zählen . . . und wieder von vorn beginnen.

Es gibt zahlreiche Atemübungen. Nachstehend einige der nützlichsten:

IV Pranayama-Übung (Kumbhaka)

Stärkt die Willenskraft.

Knien Sie nieder, den Rücken schön gerade, die Augen geschlossen. Atmen Sie aus. Atmen Sie ein, indem Sie zuerst den Bauch, dann den Brustkorb ausdehnen und zum Schluß die Schlüsselbeine heben (vollständige Yoga-Atmung). Beim Ausatmen ziehen Sie den Bauch ein, den Brustkorb zusammen und senken die Schultern. Dann senken Sie den Kopf und drücken das Kinn gegen die Brust. Halten Sie den Atem an so lange Sie können. Dann heben Sie den Kopf und atmen wieder ein.

Machen Sie die Übung mindestens dreimal.

V Vollständige Yoga-Atmung zur Entspannung

Legen Sie sich auf den Rücken, schließen Sie die Augen, atmen Sie aus. Atmen Sie langsam ein: dehnen Sie den Bauch aus, den Brustkorb, und heben Sie schließlich die Schlüsselbeine. Hierauf atmen Sie aus: ziehen Sie die Bauchdecke ein, den Brustkorb zusammen, dann senken Sie die Schultern. Fühlen Sie, wie die Luft in die Lungen einströmt, und denken Sie dabei: »Ich bin entspannt, meine Muskeln sind gelockert.« Wenn Sie nervös oder ängstlich sind: »Die Ruhe dringt in mich ein, ich finde Frieden.«

VI Yoga-Atmung, Variante (Ujjayi)

Setzen Sie sich oder stehen Sie aufrecht. Atmen Sie aus. Atmen Sie langsam durch die Nase ein (wie bei der vollständigen Yoga-Atmung). Halten Sie die Luft an, ohne sich Gewalt anzutun. Beim Ausatmen lassen Sie die Luft zischend durch den Mund entweichen, bis die Lungen leer sind.

VII Die Blasbalg-Ausatmung (Kapalabhati)

Setzen Sie sich oder stehen Sie aufrecht. Atmen Sie ein. Beim Ausatmen ziehen Sie die Bauchmuskeln plötzlich zusammen, so rasch, daß die Luft geräuschvoll, wie bei einem Blasbalg, durch die Nase ausgestoßen wird. Diese Ausatmungen werden rasch und regelmäßig wiederholt, durch ein plötzliches Zusammenziehen des Bauches.

VIII Die Blasbalg-Atmung (Bhastrikâ)

Die Lungen ziehen sich zusammen und dehnen sich aus wie ein Schmiede-Blasbalg.

Setzen Sie sich oder stehen Sie aufrecht. Atmen Sie zehnmal schnell und kräftig durch die Nase ein und aus. Dann tun Sie einen langsamen, tiefen Atemzug. Halten Sie die Luft in den Lungen zurück, ohne Anstrengung. Dann atmen Sie langsam aus.

Machen Sie diese Übung nicht mehr als dreimal. Wenn Sie fühlen, daß es genug ist, müssen Sie früher damit aufhören.

IX Atmung im Rhythmus des Herzschlages

Die Übung hilft entspannen, gibt Stabilität und Selbstvertrauen.

Nehmen Sie eine bequeme Stellung ein (Schneidersitz oder Lotos-Sitz) und schließen Sie die Augen. Fühlen Sie mit Ihrer rechten Hand den Puls Ihrer linken und zählen Sie drei Atemzüge lang die Pulsschläge beim Aus- und Einatmen. Wenn Sie die genaue Zahl festgestellt haben, halten Sie während der Hälfte der Zeit den Atem an. Trainieren Sie sich langsam und machen Sie diese Übung 5 bis 10 Minuten lang. Dann entspannen Sie sich.

X Wechselatmung

Diese Übung beruhigt die Nerven, reinigt die Atemwege, hilft Probleme lösen. Setzen Sie sich bequem (Schneidersitz oder Lotos-Sitz). Atmen Sie aus. Dann atmen Sie durch das rechte Nasenloch ein, wobei das linke Nasenloch mit dem Daumen der linken Hand zugehalten wird. Der Zeigefinger der linken Hand ruht auf der Nasenwurzel. Halten Sie die Luft an, solange Sie ohne Anstrengung können. Dann halten Sie das rechte Nasenloch mit dem Mittelfinger zu und atmen durch das linke Nasenloch aus. Atmen Sie links ein, halten Sie den Atem an, und atmen Sie rechts aus. Diese Wechselatmung führen Sie 5 bis 10 Minuten lang durch, dann entspannen Sie sich.

XI Atmen im Gehen

Diese Übung gibt Sicherheit und beruhigt das Nervensystem.

Stehen Sie aufrecht, atmen Sie aus. Atmen Sie ein und beginnen Sie zu gehen.

Zählen Sie die Schritte beim Einatmen und beim Ausatmen.

Beispiel: Wenn Sie auf 6 Schritte einatmen, halten Sie 3 Schritte die Luft an, dann atmen Sie auf 6 Schritte aus und halten wieder 3 Schritte den Atem an. Gehen Sie mit langsamen, rhythmischen Schritten. Das Anhalten des Atem soll jeweils halb so lange dauern wie das Einatmen und das Ausatmen.

XII Die Bauchkontraktion (Uddiyana Bandha)

Diese Übung ist gut gegen Leberbeschwerden und Verstopfung. Am besten üben Sie morgens nüchtern.

Stehen Sie aufrecht, in Grätschstellung, die Füße 30 bis 50 Zentimeter voneinander entfernt, Knie leicht gebeugt, Arme gestreckt, die Hände auf die Oberschenkel gestützt. In dieser Stellung bleibt der Oberkörper gerade, aber leicht nach vorn geneigt. Atmen Sie gründlich aus, ziehen Sie den Bauch ein, als ob Sie ihn gegen die Wirbelsäule drücken wollten, so daß sich unterhalb des Brustkorbs eine tiefe Mulde bildet. Die Verdauungsorgane sind so weit als möglich eingezogen. Halten Sie die Luft an so lange Sie können. Wenn die Übung vorschriftsmäßig durchgeführt wird, hört man beim Einatmen ein leises Pfeifen. Wiederholen Sie diese Übung dreimal, bei Verstopfung bis zu sechsmal.

XIII Nauli

Eine wichtige, aber schwierige Übung. Am besten morgens nüchtern auszuführen. Der Magen muß dabei immer leer sein.

Machen Sie diese Übung nur, wenn Sie Nr. XII mindestens einen Monat lang täglich geübt haben.

Die Ausgangsstellung ist dieselbe wie bei Nr. XII (Uddiyana Bandha). Atmen Sie gründlich aus und ziehen Sie dabei den

Bauch ein, bis sich unterhalb des Brustkorbs eine Mulde bildet. Spannen Sie die großen geraden Bauchmuskeln an und drücken Sie sie nach vorn. Da der Rest des Bauches eingezogen bleibt, zeichnen sich die beiden senkrechten Muskelstränge in der Bauchmitte ab. Wiederholen Sie diese Übung mehrmals.

Die Übungen Nr. XII und Nr. XIII sind nicht geeignet bei chronischer Blinddarmreizung, Darmkrankheiten, überhöhtem Blutdruck.

XIV Nauli (Dakshina, Vamana)

Hat dieselben Auswirkungen wie Nr. XII und Nr. XIII; aber anstatt sämtliche Bauchmuskeln gleichzeitig zusammenzuziehen, spannen Sie nur diejenigen der rechten Seite (Dakshina), dann diejenigen der linken Seite (Vamana), was sehr schwierig ist und ein längeres Training erfordert.

Beginnen Sie die Übungen mit der Atemgymnastik Nr. I.

1 Strecken der Arme (Thatasana)
Dehnt die seitlichen Muskeln. Besonders geeignet für Personen mit sitzender Tätigkeit.

Stehen Sie aufrecht, die Arme entlang dem Körper. Atmen Sie ein, heben Sie die Arme über den Kopf, die Handflächen nach innen. Halten Sie die Luft an; dann strecken Sie zuerst den linken, dann den rechten Arm nach oben, jede Seite zweimal. Atmen Sie aus und lassen Sie die Arme entlang dem Körper herunterfallen. Wenn sich Ihre Rückenwirbel leicht verschieben, machen Sie die Übung mit beiden Armen zugleich.

2 Vollständiges Yoga-Ausatmen
Legen Sie sich auf den Rücken mit angezogenen Beinen, die Knie geschlossen, die Füße leicht gespreizt. Die Hände liegen auf dem Bauch. Heben Sie den Kopf, beugen Sie sich nach vorn und atmen Sie aus. Pressen Sie dabei das Kinn auf den Leib, möglichst weit nach vorn. Gleichzeitig drücken Sie die Hände fest gegeneinander.
Atmen Sie noch mehr aus, danach strecken Sie sich auf dem Boden aus. Beim Einatmen heben Sie die Arme senkrecht nach oben, beim Ausatmen lassen Sie sie ganz entspannt entlang dem Körper fallen. (Nach dem Ein- und Ausatmen den Atem so lang wie möglich anhalten.)

3 Kobra-Übung Nr. 1 (Nacken) (Bhujangâsana)
Eine Hilfe für Menschen, die nach dem Essen unter Blähungen leiden. Regt die Nackengegend und die Schilddrüse an.

»Was soll ich tun, um die Leiden derer, die um mich sind, zu lindern? Sie lieben.« Vivekananda

---

Legen Sie sich auf den Bauch, die Hände nach vorn gestreckt, die Handflächen auf dem Boden. Heben Sie den Kopf so hoch wie möglich und atmen Sie ein. Die Unterarme bleiben auf dem Boden ausgestreckt. Legen Sie den Kopf wieder auf den Boden und atmen Sie aus. Konzentrieren Sie sich auf die Nackenwirbel, wenn Sie nervös sind; andernfalls auf das Vischuda Chakra (Sitz hinter der Kehle, Sprachzentrum).

4 Begrüßung der Sonne (Sûrya namaskâram)

Vorbereitende Übung Nr. 1.
Gegen gewölbten und steifen Rücken. Diese Übung, täglich ausgeführt, macht einen runden Rücken wieder gerade.
Nicht geeignet für Personen mit schwachem Herz.

Legen Sie sich auf den Bauch, die Hände neben den Schultern, die Fußspitzen angewinkelt. Atmen Sie ein und stemmen Sie sich mit den Armen hoch zu einem großen »Katzenbuckel«. Atmen Sie aus und versuchen Sie, die Brust den Oberschenkeln zu nähern. Bleiben Sie in dieser Stellung, so lange Sie den Atem anhalten können. Dann atmen Sie ein. Beim Ausatmen legen Sie sich hin.
Ruhen Sie sich mindestens zehn Minuten aus.

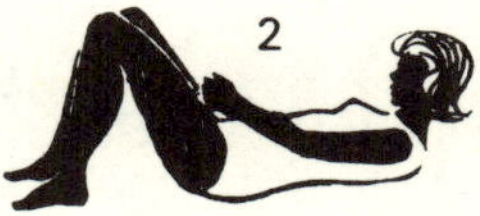
2

Beginnen Sie die Übungen mit der Atemgymnastik Nr. 1.

5 Der Storch (Uttanasana)

Entwickelt das Gleichgewicht des Körpers, lockert Knöchel, Knie und Hüften, stärkt die Beine.

Stehen Sie aufrecht, heben Sie den rechten Fuß und atmen Sie ein. Fassen Sie den Spann des Fußes mit der linken Hand und ziehen Sie ihn so hoch wie möglich gegen die linke Hüfte, so daß sich das rechte Knie neben dem linken befindet. Bleiben Sie einige Atemzüge lang in dieser Stellung. Dann wechseln Sie das Bein.
Konzentrieren Sie sich auf das Adschna Chakra.

6 »HA«-Atmung, liegend

Wird diese Übung vor der Mahlzeit durchgeführt, so regt sie die Verdauungssäfte an.
Eine Übung, die Wärme erzeugt und den Bauch kräftigt. Hilft Depressionen überwinden.

Legen Sie sich auf den Rücken, heben Sie die Beine um 30 Grad und atmen Sie ein. Atmen Sie plötzlich durch den Mund aus, mit einem hörbaren »HA«. Dabei ziehen Sie die Beine an, umfassen sie mit den Armen und pressen sie gegen den Bauch.

7 Kobra-Übung Nr. 2 (Rücken) (Bhujangâsana)

Diese Übung stärkt den Rücken, lockert die Wirbelsäule, korrigiert eine leichte Verschiebung der Wirbel.

Legen Sie sich auf den Bauch, die Hände neben den Schultern. Beim Einatmen heben Sie Kopf und Schultern so hoch wie

»Wie gut ist es, wenn man zu schenken weiß, lieben kann und Freunde findet!«

---

möglich, ohne sich dabei auf die Arme zu stützen. Halten Sie den Atem an; dabei können sie sich auf die Arme stützen, die Ellbogen bleiben gebeugt. Atmen Sie aus und legen Sie sich langsam nieder. Konzentrieren Sie sich auf die Wirbelsäule.

8

8 Kleine Begrüßung der Sonne (Surya namaskar)
Entspannungsübung. Lockert die Knie und den Spann sowie die Knöchel. Belebt und lockert Wirbelsäule und Rücken, verringert Fettansatz am Bauch.

Knien Sie nieder und setzen Sie sich auf die Fersen, den Rükken schön gerade. Atmen Sie ein und heben Sie die Hände bis zur Schulterhöhe, die Handflächen nach vorn. Beim Ausatmen neigen Sie sich langsam vor, bis Ihre Stirn, Unterarme und Hände den Boden berühren. Der Rumpf ruht auf den Oberschenkeln. Zur Entspannung bleiben Sie in dieser Stellung, solange es Ihnen angenehm ist. Andernfalls kehren Sie zum Einatmen in die Ausgangsstellung zurück. Wiederholen Sie die Übung mehrere Male.

Beginnen Sie die Übungen mit der Atemgymnastik Nr. II.

9 Der Storch (Uttanasana)

Entwickelt das Gleichgewicht des Körpers, lockert die Knöchel, die Knie, die Hüften und stärkt die Beine.

Stehen Sie aufrecht, heben Sie den rechten Fuß und atmen Sie ein. Fassen Sie den Spann des Fußes mit der linken Hand und ziehen Sie ihn so hoch wie möglich gegen die linke Hüfte, so daß sich das rechte Knie neben dem linken befindet. Bleiben Sie einige Atemzüge lang in dieser Stellung. Dann machen Sie dieselbe Übung mit dem anderen Bein.
Wenn Sie sehr gelenkig sind, lassen Sie den Fuß los, breiten die Arme aus und legen den Daumen an den Zeigefinger. Sie können auch die Hände über dem Magen zusammenlegen.
Konzentrieren Sie sich auf das Adschna Chakra.

10 Beine heben in Rückenlage (Udhitta-padâsana)

Stärkt die Bauchmuskeln, wirkt als innere Massage und baut Fett ab.
Nicht geeignet für Damen während der Regel und für Personen mit schwachem Herz.

Legen Sie sich auf den Rücken, die Arme entlang dem Körper, die Handflächen auf dem Boden. Beim Einatmen heben Sie das linke Bein zur Senkrechten ohne das Knie zu beugen. Das rechte Bein bleibt am Boden. (Das Bein soll in der Senkrechten sein, wenn Sie tief eingeatmet haben.) Beim Ausatmen senken Sie das Bein. Es darf den Boden erst berühren, wenn Sie ganz aus-

Die »Gleich«-Straße (»Bald«-Straße) führt zum »Niemals«-Haus.
Sprichwort

---

geatmet haben. Wiederholen Sie dasselbe mit dem rechten Bein.
Konzentrieren Sie sich auf das Manipura Chakra.

11 Stärkung des Rückens
Kräftigt die Rückenmuskeln und korrigiert vorstehende Schulterblätter.

Legen Sie sich auf den Bauch, die Hände hinter dem Kopf verschränkt, die Ellbogen gespreizt. Atmen Sie ein und heben Sie dabei den Rumpf so hoch wie möglich. Beim Ausatmen kehren Sie in die Bauchlage zurück. Wiederholen Sie die Übung mehrere Male, dann entspannen Sie sich.

12 Pranayama (Atemübung)
Knien Sie nieder und setzen Sie sich auf die Fersen. Atmen Sie ein. Atmen Sie aus und beugen Sie den Rumpf nach links; Hände und Ellbogen berühren den Boden. Kehren Sie in die Ausgangsstellung zurück und atmen Sie ein. Beim Ausatmen wiederholen Sie dieselbe Übung nach rechts, Hände und Ellbogen am Boden.

Beginnen Sie die Übungen mit der Atemgymnastik Nr. II.

13 Der Baum (Vriksâsana)

Entwickelt das Gleichgewicht des Körpers, lockert Knie und Hüften.

Stehen Sie schön gerade, die Beine zusammen. Atmen Sie ein und heben Sie den rechten Fuß. Setzen Sie ihn so hoch wie möglich gegen den linken Schenkel. Wenn Sie vollkommen im Gleichgewicht sind, legen Sie die Hände über dem Magen zusammen. Machen Sie mehrere tiefe Atemzüge. Wiederholen Sie die Übung mit dem linken Bein. Um nicht umzufallen konzentrieren Sie sich auf einen Punkt und denken an nichts; das gibt die beste Stabilität. Heben Sie sodann die gefalteten Hände über den Kopf. Konzentrieren Sie sich auf das Adschna Chakra.

14 Gelenkigkeitsübung

Dehnt die Beinmuskeln, macht Gesäß, Schenkel und Taille schlank.

Legen Sie sich auf den Rücken, die Arme seitlich ausgestreckt, die Handflächen auf dem Boden. Atmen Sie ein und heben Sie dabei langsam das rechte Bein. Atmen Sie aus und führen Sie den rechten Fuß über das linke Bein hinweg so weit wie möglich nach links, bis in die Nähe der linken Hand. Beim Einatmen kehren Sie in die Ausgangsstellung zurück. Wiederholen Sie dieselbe Übung mit dem linken Bein. Bild Seite 10.

15 Umgekehrte Stellung (Viparitâkarani)

Reguliert die Funktion der Schilddrüse, aktiviert die Blutzufuhr zum Gesicht und verhindert die vorzeitige Bildung von Falten.

Glaube
»Wer an eine Sache glaubt, hat sie schon erreicht.« Arlovi

Zu empfehlen bei Krampfadern und Hämorrhoiden. Schafft Erleichterung bei unregelmäßigen oder schmerzhaften Monatsblutungen.
Nicht zu empfehlen bei Überfunktion der Schilddrüse.

Legen Sie sich auf den Rücken, die Hände seitlich des Körpers, die Handflächen auf dem Boden. Atmen Sie ein; dabei heben Sie Beine und Gesäß in langsam abrollender Bewegung empor. Sobald das Gesäß vom Boden abgehoben ist, unterstützen Sie es mit den Händen oder Sie legen die Hände an die Hüften. Die Beine ragen etwas über den Kopf hinaus, das Gewicht ruht auf dem Schultergürtel und den Armen. Atmen Sie tief und bleiben Sie in dieser Stellung, so lange es Ihnen angenehm ist. Kehren Sie in die Ausgangsstellung zurück, indem Sie zuerst den Rücken, dann die Lendengegend abrollen. Zuletzt senken Sie die Beine. Bleiben Sie drei tiefe Atemzüge lang in dieser Stellung. Richten Sie sich langsam auf, indem Sie sich abrollen.

16 Die Opfergabe

(Vorbereitende Übung für die Stellung des Rades [Chakrasana]).
Stärkt die Muskeln des Bauches, der Schenkel, der Beine und des Rückens.

Knien Sie nieder, den Rücken schön gerade. Beim Einatmen heben Sie die Arme, die Handflächen nach oben. Beugen Sie sich so weit wie möglich zurück, ohne das Gleichgewicht zu verlieren. Dann atmen Sie aus, setzen sich auf die Beine zurück (Nr. 8) und beugen den Oberkörper nach vorn, jedoch die Arme über den Kopf ausgestreckt, die Handflächen am Boden. Sie können die Übung mehrere Male wiederholen.

Beginnen Sie die Übungen mit der Atemgymnastik Nr. III.

17 Der Baum (Vriksâsana)

Entwickelt das Gleichgewicht des Körpers, macht Knie und Hüften gelenkig.

Stehen Sie aufrecht, mit geschlossenen Beinen. Heben Sie den linken Fuß und atmen Sie ein. Setzen Sie diesen so hoch wie möglich an den rechten Oberschenkel. Wenn Sie vollkommen im Gleichgewicht sind, legen Sie die Hände vor der Magengrube zusammen. Machen Sie mehrere tiefe Atemzüge, dann heben Sie die zusammengelegten Hände über den Kopf. Wiederholen Sie die Übung mit dem rechten Bein.
Konzentrieren Sie sich auf das Adschna Chakra.

18 Fuß halten, liegend (Gokarnasana)

Lockerung der Hüftgelenke, Dehnung der Schenkel und Armmuskeln. Macht Schultern und Lendengegend geschmeidig.

Legen Sie sich auf den Rücken. Strecken Sie den rechten Arm über den Kopf aus, die Handfläche nach oben. Ziehen Sie das linke Bein über dem Bauch an. Fassen Sie die Zehen mit der linken Hand und halten Sie den Fuß gut fest, denn nun sollen Sie den Fuß auf der linken Seite auf den Boden bringen, Bein und Arm gestreckt. Bleiben Sie in dieser Lage, so lange Sie es aushalten können, und atmen Sie dabei tief. Dann wiederholen Sie dieselbe Übung mit dem rechten Bein.

19 Das Rad (Chakrasana)

Stärkt die Muskeln des Bauches, der Schenkel und der Beine;

»Wenn einer seinen Fund
Redlich mit andern teilt,
Die Hälfte nicht enteilt.
Wenn einer seinen Fund
Redlich mit andern teilt,
Verdoppelt er sein Pfund.« Arlovi

18

19

kräftigt den Rücken und den Hals, lockert die Lendengegend; verbessert das Gedächtnis.

Knien Sie nieder und versuchen Sie, die Hände hinten auf die Fersen zu legen. Lassen Sie den Kopf locker nach hinten fallen. Machen Sie mehrere tiefe Atemzüge. Dann setzen Sie sich auf die Beine, legen den Oberkörper auf die Schenkel und strecken die Hände über den Kopf nach vorn, die Handflächen auf dem Boden (Nr. 16). Strecken Sie die Arme gut aus. Atmen Sie tief. Konzentrieren Sie sich auf das Muladra Chakra.

20 Der Lotos-Sitz (Vorbereitende Übung) (Padmasana)
Richtet die Wirbelsäule auf und lockert die Knie.

Setzen Sie sich auf den Boden, halten Sie den Rücken schön gerade und strecken Sie die Beine aus. Beugen Sie das rechte Bein und setzen Sie die rechte Fußsohle gegen den linken Schenkel. Die Hände liegen auf den Knien. Atmen Sie ein und richten Sie den Rücken wieder schön gerade. Beim Ausatmen drücken Sie mit der rechten Hand auf das rechte Knie, damit dieses fest auf dem Boden liegt und die Sehnen gedehnt werden. Dann wiederholen Sie die Übung mit dem linken Bein.

Beginnen Sie die Übungen mit der Atemgymnastik Nr. III.

21 Der Baum, Variante (Vriksâsana)
Entwickelt das Gleichgewicht des Körpers, lockert Knie und Hüften.

Stehen Sie schön gerade, die Beine zusammen. Atmen Sie ein und heben Sie den rechten Fuß. Setzen Sie ihn so hoch wie möglich gegen den linken Schenkel. Wenn Sie vollkommen im Gleichgewicht sind, strecken Sie die Arme senkrecht nach oben. Dann atmen Sie aus und beugen den Oberkörper mit den gestreckten Armen nach vorn, so daß ein Winkel von 90 Grad entsteht. Machen Sie dieselbe Übung mit dem andern Bein. Konzentrieren Sie sich auf das Adschna Chakra.

22 Begrüßung der Sonne (Sûrya-namaskâram)
(Vorbereitende Übung Nr. 2).
Verbessert die Funktion der Unterleibsorgane. Leitet Blähungen ab. Dehnt die Beinmuskeln. Eine Übung, die den Körper gelenkig macht. Vorsicht, wenn Sie ein schwaches Herz haben!

Legen Sie sich auf den Bauch, die Hände neben den Schultern, die Fußspitzen angewinkelt. Atmen Sie ein und stemmen Sie sich mit den Armen nach oben zum Liegestütz. Atmen Sie aus und stellen Sie den rechten Fuß flach zwischen die Hände. Das linke Bein bleibt gestreckt. Bleiben Sie in dieser Stellung, so lange Sie den Atem anhalten können. Atmen Sie ein und strecken Sie das rechte Bein aus. Dann wiederholen Sie dieselbe Übung mit dem linken Bein.

»Der beste Befehl ist das Beispiel.«

---

23 Anheben der Beine um 30 Grad (Uttanapadasana)
Stärkt den Bauchgürtel.
Nicht geeignet für Personen mit schwachem Herz, Verstopfung, Leistenbruch, Blinddarmreizung und Darmbeschwerden.

Legen Sie sich auf den Rücken, die Hände entlang dem Körper. Atmen Sie ein und heben Sie die Beine um 30 Grad an. Bleiben Sie so lange wie möglich in dieser Lage (selbst, wenn Sie ein leichtes Zittern verspüren). Atmen Sie normal. Entspannen Sie sich danach.
Konzentrieren Sie sich auf das Manipura Chakra.

24 Lockerungsübung für den Lotos-Sitz
Lockert Hüften, Knie und Knöchel.

Setzen Sie sich, legen Sie die Fußsohlen zusammen und fassen Sie die Füße mit den Händen. Jetzt versuchen Sie, mit den Ellbogen die Knie auf den Boden zu drücken. Sobald Ihnen dies gelingt, drehen Sie die Fußsohle nach oben und richten den Rücken gerade auf. Machen Sie mehrere tiefe Atemzüge. Danach entspannen Sie sich.

21

Beginnen Sie die Übungen mit der Atemgymnastik Nr. III.

25 Der Baum, Variante (Vriksâsana)
Entwickelt das Gleichgewicht des Körpers, lockert Knie und Hüften.

Stehen Sie schön gerade, die Beine zusammen. Atmen Sie ein und heben Sie den rechten Fuß. Setzen Sie ihn so hoch wie möglich gegen den linken Schenkel. Wenn Sie vollkommen im Gleichgewicht sind, beugen Sie sich nach vorn und atmen aus. Verschränken Sie die Hände im Nacken und spreizen Sie die Ellbogen. Bleiben Sie mehrere Atemzüge lang in dieser Stellung, dann wiederholen Sie dieselbe Übung auf dem andern Bein. Konzentrieren Sie sich auf das Adschna Chakra.

26 Heben des Rumpfes um 45 Grad (Varioli-mudra)
(Vorbereitende Übung.)
Stärkt Rücken- und Bauchmuskeln.
Nicht geeignet bei schwachem Herz und Rückgratbeschwerden.

Legen Sie sich auf den Rücken, die Hände entlang dem Körper. Atmen Sie ein. Heben Sie sodann den Rumpf um 45 Grad, ohne sich dabei auf die Hände zu stützen. Bleiben Sie in dieser Stellung, so lange Sie können ohne Ermüdung. Dann legen Sie sich hin und machen einige tiefe Atemzüge.

27 Atemübung in der Seitenlage
Baut Fettpolster an den Hüften ab, stärkt die seitlichen Muskelpartien, verringert den Taillenumfang.
Wenn Sie eine Ungleichheit Ihrer Muskelkräfte feststellen, üben Sie vor allem auf der schwächeren Seite.

»Nicht seufzen über Vergangenes,
Nicht töricht träumen von der Zukunft,
Sich auf die Aufgabe des gegenwärtigen Augenblicks
konzentrieren, ist des Menschen Pflicht.« Cardinal Mercier

25

26

27

Legen Sie sich auf die rechte Seite; der Kopf ruht auf dem ausgestreckten rechten Arm, die Handfläche zeigt nach oben, die linke Hand ist in Magenhöhe auf den Boden gestützt. Die Hand dient dabei lediglich zum Ausbalancieren des Geichgewichts, ist jedoch keine Stützhilfe. Beim Einatmen heben Sie die Beine und die rechte Seite mit ausgestrecktem Arm vom Boden ab; nur die Hüfte bleibt auf dem Boden. Kehren Sie in die Ausgangsstellung zurück und atmen Sie aus. Wiederholen Sie die Übung auf der linken Seite.

28 Vorbereitende Übung zum Lotossitz (Padmasana)
Richtet die Wirbelsäule auf, lockert Knie, Hüften, Knöchel.

Setzen Sie sich auf den Boden, den Rücken schön gerade, die Beine ausgestreckt. Beugen Sie das rechte Bein und legen Sie den rechten Fuß auf den linken Schenkel, die Fußsohle nach oben. Atmen Sie aus und drücken Sie auf das rechte Knie. Das Knie sollte den Boden berühren. Dann dieselbe Übung links.

Beginnen Sie die Übungen mit der Atemgymnastik Nr. IV.

29 Die halbe Kobra (Ardha-Bhujangasana)
Lockert die Lendengegend und die Kniegelenke, dehnt die Muskeln des gestreckten Beins und stärkt die Muskeln des gebeugten Beins. Baut Fettpolster an den Hüften ab, gibt Ausgeglichenheit und Selbstvertrauen.

Stehen Sie aufrecht, die Arme seitlich am Körper. Krümmen Sie die Zehen des linken Fußes und schieben Sie das linke Bein nach hinten. Stützen Sie sich dabei auf den Spann. Das linke Bein ist gestreckt, das Knie berührt den Boden. Das rechte Knie ist gebeugt, die Fußsohle auf dem Boden, die Hände rechts und links des rechten Fußes, der Rücken schön gerade. Machen Sie einige Atemzüge. Atmen Sie ein und kehren Sie in die Ausgangsstellung zurück. Wiederholen Sie dieselbe Übung rechts. Bild Seite 44.
Konzentrieren Sie sich auf das Svadischtana Chakra.

30 Arohanasana Nr. 1
Stärkt die Rücken- und Bauchmuskeln. Gibt Selbstvertrauen. Nicht geeignet für Personen mit schwachem Herz, Verstopfung, Leistenbruch, Blinddarmbeschwerden oder Verdauungsstörungen.

Legen Sie sich auf den Rücken, die Arme entlang dem Körper, die Handflächen auf dem Boden (ohne sich auf die Hände zu stützen). Heben Sie den Kopf, die Schultern und die Beine, die Knie leicht angezogen. Kopf, Knie und Zehen sollen sich dabei möglichst auf gleicher Höhe befinden. Wenn Sie in dieser Stellung bleiben können, machen Sie einige tiefe Atemzüge. Sie werden ein leichtes Zittern in der Magengegend spüren. Ruhen

»Alle Blumen der Zukunft sind im Samen von heut.«

Chinesisches Sprichwort

Sie sich nach dieser Übung aus. Konzentrieren Sie sich auf das Manipura Chakra (Solarplexus - Sonnengeflecht). Bild S. 44.

31 Ruhestellung (Vakrasana)

Lockert die Gelenke der Hüften, Knie und Knöchel, dehnt die Muskeln der Schenkel; gibt Selbstvertrauen.

Setzen Sie sich auf den Boden, die Beine gestreckt. Beugen Sie das linke Knie und legen Sie den Fuß unter das rechte Bein, die Ferse gegen die rechte Gesäßhälfte. Ziehen Sie das rechte Bein an und setzen Sie die Ferse über das linke Knie hinweg so nahe wie möglich an die linke Gesäßhälfte; der Schenkel drückt dabei gegen die Brust. Halten Sie den Rücken schön gerade. Setzen Sie die Hände in Richtung der Schultern auf den Boden. Atmen Sie mindestens dreimal tief, dann wechseln Sie die Beine. Bild S. 45.
Konzentrieren Sie sich auf das Sahasrara Chakra.

32 Die Schaukel

Diese Übung ist vor allem für den Morgen geeignet, wirkt als Massage, macht das Rückgrat geschmeidig, regt die Nerven an.

Setzen Sie sich, ziehen Sie die Beine an. Die Knie sind leicht gespreizt. Das linke Knie berührt die linke Schulter, das rechte Knie die rechte Schulter. Die Hände halten den Knöchel fest. Nehmen Sie den Kopf zwischen die Knie, machen Sie einen runden Rücken. Atmen Sie ein und schaukeln Sie nach hinten, so daß die Knie den Boden berühren. Atmen Sie aus und schaukeln Sie dabei zurück in die Ausgangslage. Wenn Sie zu viel Schwung holen, kippen Sie zu weit nach hinten; haben Sie zu wenig Schwung, so gelangen Sie nicht in die Ausgangsstellung zurück.

Beginnen Sie die Übungen mit der Atemgymnastik Nr. IV.

33 Die halbe Kobra, Variante (Ardha-Bhujangasana)
Lockert Knie und Rücken, kräftigt die Beinmuskeln. Baut Fettpolster an den Hüften ab.
Gibt Ausgeglichenheit und Selbstvertrauen.

Stehen Sie aufrecht, die Arme entlang dem Körper, und atmen Sie ein. Krümmen Sie die Zehen des linken Fußes und schieben Sie das linke Bein nach hinten; dabei sollte der Spann auf den Boden kommen. Das Bein ist ausgestreckt, das Knie auf dem Boden. Das rechte Bein ist gebeugt, die Fußsohle flach auf dem Boden, die rechte Hand liegt auf dem Knie. Drehen Sie den Rumpf so weit wie möglich nach links. Drehen Sie den Kopf nach links und legen Sie die linke Hand auf die Wade. Machen Sie einige Atemzüge. Kehren Sie beim Einatmen in die Ausgangsstellung zurück. Wiederholen Sie die Übung mit dem rechten Bein. Bild Seite 45.
Konzentrieren Sie sich auf das Svadischtana Chakra.

34 Varioli-mudra
Sehr anstrengende Übung. Stärkt Bauch- und Rückenmuskeln, vor allem in der Lendengegend, kräftigt die Beinmuskeln und erhöht das Gleichgewicht des Körpers.
Nicht zu empfehlen bei schwachem Herz, Verstopfung, Leistenbruch, Blinddarmbeschwerden, Magen- und Darmkrankheiten.

Legen Sie sich auf den Rücken, Arme entlang dem Körper, Handflächen am Boden. Atmen Sie ein und heben Sie die Beine um 30 Grad an, den Rumpf um 45 Grad, so daß Sie auf dem

»Der Körper ist, was der Geist aus ihm macht. Stoff ist mächtig, Geist ist allmächtig.« Vivekananda

---

Gesäß balancieren. Strecken Sie die Arme parallel zu den Beinen aus, die Handflächen nach unten. In dieser Stellung machen Sie einige tiefe Atemzüge, dann entspannen Sie sich 5 Minuten. Bild S. 45.

35 Die Spirale oder Drehstellung (Matsyendrasana)
Für Anfänger.
Diese Übung, bei der die Wirbelsäule gedreht wird, bewirkt eine Korrektur leichter Rückgratverkrümmungen.

Setzen Sie sich auf den Boden, die Beine ausgestreckt. Beugen Sie das rechte Bein und setzen Sie den rechten Fuß über das linke Bein hinweg neben dem Knie auf den Boden. Drehen Sie den Oberkörper nach rechts und legen Sie die linke Handfläche rechts vom linken Knie auf den Boden, die rechte Hand setzen Sie in Verlängerung der rechten Schulter auf. Drehen Sie den Kopf nach rechts, das Kinn befindet sich über der rechten Schulter. Bleiben Sie in dieser Stellung, so lange Sie Lust haben, mindestens jedoch drei tiefe Atemzüge lang. Wiederholen Sie die Übung nach links. Bild Seite 45.

36 Stärkung des Rückens
Legen Sie sich auf den Rücken, die Arme über den Kopf ausgestreckt, die Handflächen nach oben. Setzen Sie sich auf und atmen Sie ein. Dabei drücken Sie die erhobenen Arme nach hinten. Jetzt atmen Sie aus. Sie sollten in dieser Stellung verbleiben, ohne daß sich der Brustkorb durch die Ausatmung senkt. Spannen Sie die Rückenmuskeln an, vor allem die der Lendengegend, denn diese verhindern, daß der Brustkorb zusammensinkt. Wiederholen Sie diese Übung dreimal. Dann entspannen Sie sich einige Minuten lang.

Beginnen Sie die Übungen mit der Atemgymnastik Nr. V.

37 Die halbe Kobra, Variante (Ardha-Bhujangasana)

Lockert Knie und Rücken, kräftigt die Beinmuskeln, baut Fettpolster an den Hüften ab. Macht die Lendengegend geschmeidig. Verleiht Ausgeglichenheit und Selbstvertrauen. Bild Seite 45.

Stehen Sie aufrecht, die Arme entlang dem Körper. Atmen Sie ein. Krümmen Sie die Zehen des rechten Fußes einwärts und lassen Sie das rechte Bein nach hinten gleiten; das Gewicht liegt auf dem Spann. Das rechte Bein ist ausgestreckt, das Knie auf dem Boden. Das linke Bein ist gebeugt, die Fußsohle auf dem Boden, die linke Hand auf dem Knie. Drehen Sie den Oberkörper nach rechts und führen Sie die rechte Hand hinter dem Rücken zum linken Oberschenkel. Machen Sie einige Atemzüge. Kehren Sie in die Ausgangsstellung zurück und atmen Sie ein. Wiederholen Sie dieselbe Übung mit dem linken Bein. Konzentrieren Sie sich auf das Svadischtana Chakra.

38 Arohanasana Nr. 2

Baut die Fettpölsterchen in der Bauchgegend ab. Stärkt die Rücken- und Bauchmuskeln und die Beine. Nicht geeignet bei schwachem Herzen, Verstopfung, Leistenbruch, Blinddarmbeschwerden oder Verdauungsstörungen. Bild Seite 45.

Legen Sie sich auf den Rücken, die Hände hinter dem Kopf verschränkt. Atmen Sie tief ein. Heben Sie gleichzeitig Oberkörper und Beine an, so daß Sie auf dem Gesäß balancieren. Atmen Sie aus, während Sie langsam in die Rückenlage zurückkehren. Konzentrieren sie sich auf das Manipura Chakra.

»Es ist ein verbreiteter Irrtum, Körper und Geist getrennt heilen zu wollen.« Plato

---

39 Die Kobra (Bhujangâsana)

Während der Übung wird die Durchblutung der Lendengegend vermindert, nach der Übung wird sie um so stärker. Regt die Nieren an, verhindert die Bildung von Nierensteinen, stärkt die Lendengegend.

Legen Sie sich auf den Bauch, die Hände neben den Schultern. Atmen Sie ein und heben Sie Kopf und Schultern so hoch wie möglich, ohne sich auf die Arme zu stützen. Sodann strecken Sie die Arme und stützen sich darauf. Halten Sie den Atem an. Beim Ausatmen legen Sie sich wieder hin.
Konzentrieren Sie Ihre Gedanken auf die Lendengegend oder auf das Svadischtana Chakra.

40 Beweglichmachen der Lendengegend

Verbessert die Beweglichkeit des unteren Rückens in Höhe des 5. Lendenwirbels, stärkt die Sehnen und die Muskeln der Lendengegend.

Setzen Sie sich, die Beine gespreizt, die Hände hinter dem Kopf verschränkt, die Ellbogen nach hinten gedrückt, die Wirbelsäule schön gerade. Atmen Sie ein. Beugen Sie sich nach links und atmen Sie aus. Sie können die Bewegung in Höhe des 5. Lendenwirbels nur dann spüren, wenn die Beugung korrekt ist. Beim Einatmen kehren Sie in die Ausgangsstellung zurück, dann beugen Sie sich nach rechts und atmen aus. Sollte es Ihnen schwerfallen, bei den seitlichen Beugungen den Rücken geradezuhalten, so setzen Sie sich gegen eine Wand und gleiten Sie daran entlang. Wer eine schwache Bauchmuskulatur hat, kann die Übung auch mit geschlossenen Beinen sitzend machen.

Beginnen Sie die Übungen mit der Atemgymnastik Nr. V.

41 Der Adler (Garudasana)
Entwickelt das Gleichgewicht des Körpers, lockert Knöchel, Knie, Hüften, Schultern und Ellbogen.
Stehen Sie aufrecht. Atmen Sie ein, heben Sie den rechten Fuß und winden Sie das rechte Bein um das linke. Beugen Sie den linken Ellbogen und legen Sie den rechten Arm um den linken. Halten Sie die Nase zwischen dem linken Daumen und Zeigefinger. Bild Seite 45.

42 Die Kerze (Sarvângasana)
Diese wichtige Stellung regt die Blutzirkulation an. Die Wirbelsäule behält ihre natürliche Beweglichkeit, die Funktion der Schilddrüse wird reguliert, Leber und Verdauungsorgane werden angeregt, denn die Bauchgegend wird entlastet.
Nicht geeignet bei Schilddrüsenbeschwerden und Schwäche der Kapillargefäße der Augen, Erkältung oder Stirnhöhlenkatarrh, Beschwerden der Herzgefäße, Defekten der Wirbelsäule.

Legen Sie sich auf den Rücken, die Arme entlang dem Körper, Handflächen am Boden. Atmen Sie ein und heben Sie langsam abrollend Beine, Gesäß und Rücken. Legen Sie die Hände flach gegen den Rücken, die Ellbogen am Boden, so daß der Körper eine senkrechte Gerade bildet. Drücken Sie das Kinn gegen die Brust. Das Gewicht des Körpers ruht auf Nacken und Schultern. Atmen Sie tief und bleiben Sie in dieser Stellung, so lange es Ihnen angenehm ist. Gehen Sie in langsam stetiger Bewegung in die Ausgangslage zurück. Rollen Sie zuerst den Rücken, dann

»Ein positiver Geist genügt nicht, man muß ihn auch gut anwenden.« R. Descartes

---

die Lendenwirbel ab. Zum Schluß senken Sie die Beine. Entspannen Sie sich vollständig.
Vorsicht: Nach dieser Übung nicht rasch aufstehen, vor allem nicht, wenn man 5 Minuten oder länger in der Senkrechten war.
Konzentrieren Sie sich auf die Schilddrüse oder das Vischuda Chakra.

43 Die halbe Brücke (Sedhubandasana)

Lockert die Wirbelsäule, stärkt den Rücken, vor allem die Lendengegend. Erhöht die Atemkapazität.
Nicht geeignet bei Schwäche der Wirbelsäule, vor allem in der Lendengegend.

Legen Sie sich auf den Rücken, Hände entlang dem Körper, Handflächen auf dem Boden, atmen Sie ein. Heben Sie die gestreckten Beine, Gesäß und Lendengegend, und stützen Sie diese mit den Händen. Das Gewicht des Körpers ruht auf Nacken, Schultern und Ellbogen, wie bei der Kerze. Senken Sie langsam ein Bein nach dem andern, indem Sie die Knie beugen. Setzen Sie die Fußsohlen nebeneinander auf dem Boden auf. Die Hände stützen immer noch die Lendengegend. Atmen Sie aus und bleiben Sie in dieser Stellung, so lange es Ihnen angenehm ist, Atmen Sie tief. Sodann nehmen Sie die Hände von der Lendengegend, senken Rücken und Gesäß auf den Boden und strecken die Beine. Ruhen Sie sich aus.
Falls Ihnen diese Übung (das Herablassen der Beine) zuerst Schwierigkeiten bereitet, führen Sie sie folgendermaßen aus: Legen Sie sich auf den Rücken, die Beine gebeugt, die Fußsohlen auf dem Boden. Heben Sie Gesäß, Lendengegend und Rücken, so daß das Gewicht des Körpers auf Schultern, Nacken, Ellbogen

29

30

und Füßen ruht. Stützen Sie den Rücken mit den Händen, die Sie leicht an die Lendengegend legen. Atmen Sie tief.

44 Der Pflug (Halasana)

Bekämpft Zellulitis an den Hüften (Störung im Unterhautfettgewebe). Die Wirbelsäule wird durchgearbeitet und erhält dadurch Geschmeidigkeit und Jugendlichkeit. Bei Kindern werden leichte Krümmungen der Wirbelsäule korrigiert. Die Rückenmuskeln werden gestärkt. Regt die Nebennierendrüsen und die Geschlechtsdrüsen, die Leber und die Nieren an.
Zuckerkranken und Frauen mit unregelmäßigem Monatszyklus zu empfehlen, außerdem bei Verstopfung und schlechter Verdauung.
Nicht geeignet bei Beschwerden der Wirbelsäule, besonders in der Nackengegend, sowie bei Schilddrüsenüberfunktion und Beschwerden der Herzgefäße.

Legen Sie sich auf den Rücken, Hände neben dem Körper, Handflächen auf dem Boden. Atmen Sie ein und heben Sie dabei langsam die Beine, dann das Gesäß. Atmen Sie aus. Setzen Sie diese Bewegung langsam mit gestreckten Beinen fort, bis die Zehenspitzen hinter Ihrem Kopf den Boden berühren. Ihr Gewicht ruht auf Schultern und Halswirbeln. Falls Sie Ihr Gewicht zu stark auf den Wirbeln fühlen, legen Sie einen Schal unter den Nacken. Zu vermeiden sind Reißverschlüsse und am Rücken geknöpfte Pullover. Vielleicht können Sie die Füße am Anfang noch nicht hinter dem Kopf auf den Boden bringen. In diesem

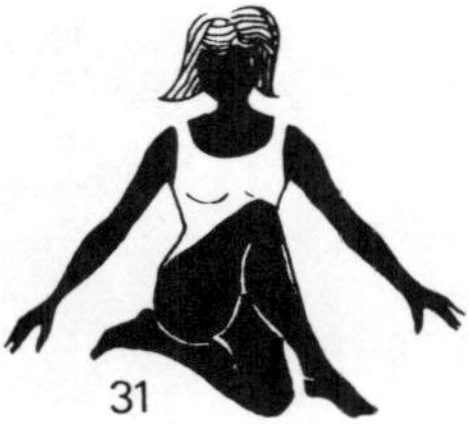
31

33

Fall nehmen Sie einen Stuhl und setzen die Füße darauf. Wählen Sie nach einiger Zeit einen niedrigeren Gegenstand als Stütze, bis Sie mit der Zeit den Boden erreichen. Bleiben Sie in dieser Stellung, so lange es Ihnen angenehm ist, und atmen Sie tief. Bei der Rückkehr in die Ausgangsstellung rollen Sie die Wirbelsäule in langsamer Bewegung ab; zuerst den oberen Rücken, dann die Lendengegend, das Gesäß, und zum Schluß die Beine. Ruhen Sie sich aus und erheben Sie sich niemals plötzlich.

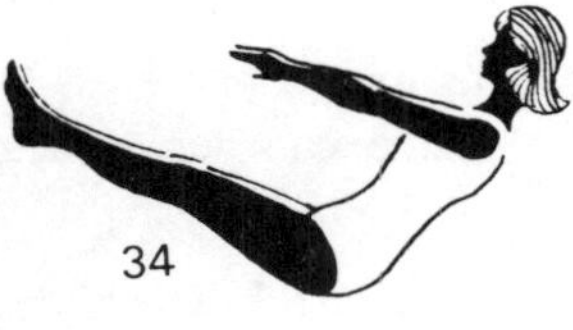
34

35

38

41

37

Beginnen Sie die Übungen mit der Atemgymnastik Nr. VI.

45 Der Adler (Garudasana)

Entwickelt das Gleichgewicht des Körpers. Lockert Knöchel, Knie, Hüften, Schultern und Ellbogen.

Stehen Sie aufrecht. Atmen Sie ein. Heben Sie den rechten Fuß und winden Sie das rechte Bein um das linke. Strecken Sie den linken Arm nach oben und umwinden Sie ihn mit dem rechten Arm. Ziehen Sie die Arme so stark wie möglich nach oben. Atmen Sie mehrmals in dieser Stellung. Dann wiederholen Sie die Übung spiegelbildlich. Bild Seite 10.
Konzentrieren Sie sich auf das Adschna Chakra.

46 Fußheben, einzeln (Ekapadahastasana)

Dehnt und kräftigt die Muskeln der Beine und der Arme. Stärkt Rücken- und Bauchmuskeln.

Setzen Sie sich mit gestreckten Beinen. Nehmen Sie den linken Fuß in die rechte Hand und heben Sie ihn so hoch wie möglich nach oben; Bein und Arm sind gestreckt. Der linke Arm befindet sich hinter dem Rücken. Bleiben Sie so lang wie möglich in dieser Stellung und atmen Sie tief. Dann wechseln Sie das Bein. Sie können die Übung auch so ausführen, daß Sie das rechte Bein gleichzeitig mit dem linken heben.
Konzentrieren Sie sich auf das Manipura Chakra.

47 Die Spirale oder Drehstellung (Matsyendrasana)

Diese Stellung verjüngt den Organismus. Sie ist eine der wenigen Übungen, bei der die Wirbelsäule gedreht wird. Behebt leichte

»Genügsamkeit führt zur höchsten Form des Vergnügens.«

Aphorismus 2/35, Patanjali

Beschwerden des großen Sympathikus, belebt die Rückenmuskeln, regt die Leber an und behebt Darmträgheit.

Setzen Sie sich auf den Boden, die Beine gestreckt, gespreizt. Ziehen Sie das linke Bein an und setzen Sie die Fußsohle gegen die rechte Leiste. Beugen Sie das rechte Bein und setzen Sie den Fuß flach vor das linke Knie. Drehen Sie den Oberkörper nach rechts und setzen Sie die rechte Hand - Handfläche nach unten - auf den Boden. Drehen Sie den Kopf nach rechts, das Kinn befindet sich über der rechten Schulter. Drücken Sie Ihr rechtes Knie mit dem linken Arm nach links, und legen Sie die linke Hand auf den rechten Fuß. Bleiben Sie in dieser Stellung, so lange Sie können, mindestens aber drei Atemzüge lang. Wiederholen Sie dieselbe Übung nach der andern Seite. Bild Seite 10.

48 Die Zange, sitzend (Paschimatanasana)

Massiert die Beckengegend, baut Fettpolster am Bauch ab, macht die Wirbelsäule beweglich, dehnt Kniekehle und Ischiasnerv.

Setzen Sie sich mit gestreckten Beinen. Atmen Sie ein. Der Rücken ist schön gerade, die Hände liegen auf den Schenkeln. Atmen Sie aus und lassen Sie die Hände entlang den Beinen nach vorne gleiten, bis Sie die große Zehe mit Daumen und Zeigefinger fassen können (die Ellbogen liegen neben den Beinen auf dem Boden auf). Bleiben Sie in dieser Stellung, so lange Sie den Atem anhalten können. Versuchen Sie dabei, sich ganz auf Ihre Beine zu legen. Dann atmen Sie ein und kehren in die Ausgangsstellung zurück.
Konzentrieren Sie Ihre Gedanken auf den Solarplexus (Sonnengeflecht), (Manipura Chakra).

Beginnen Sie die Übungen mit der Atemgymnastik Nr. VI.

49 Atemübung in Storchenstellung (Uttanasana)
Entwickelt das Gleichgewicht des Körpers, beruhigt die Nerven, erweitert den Brustkorb.

Nehmen Sie die Stellung Nr. 5 (der Storch) ein. Legen Sie die Handflächen zusammen und heben Sie die Hände über den Kopf. Atmen Sie ein. Atmen Sie aus, gleichzeitig bringen Sie den linken Arm in die Waagrechte. Der rechte Arm ist senkrecht nach oben gestreckt. Wechseln Sie die Stellung der Arme bei jedem Atemzug. Bleiben Sie 6 tiefe Atemzüge lang in der Storchenstellung auf dem linken Bein stehen. Dann wechseln Sie das Bein.

50 Das Rad, Variante (Chakrasana)
Stärkt die Muskeln des Bauches, der Schenkel und der Beine. Die Wirkung auf den Rücken ist stärker als bei Nr. 19.

Knien Sie nieder, die Hände zu beiden Seiten der Schenkel. Beugen Sie sich so weit wie möglich nach hinten, ohne das Gleichgewicht zu verlieren. Machen Sie in dieser Stellung mehrere Atemzüge, die Hände bleiben dabei an den Schenkeln. Setzen Sie sich auf die Beine und strecken Sie die Arme senkrecht über den Kopf aus. Vergessen Sie nicht, die Arme zu strecken.
Konzentrieren Sie sich auf das Muladra Chakra.

51 Die Kerze, Variante (Sarvângasana)
Diese Stellung hat dieselbe Wirkung wie Übung Nr. 42. Sie stellt jedoch größere Anforderungen an die Rückenmuskulatur. Füh-

ren Sie die Übung nur aus, wenn Sie fünf Minuten lang ohne Ermüdung in Stellung 42 bleiben können.

Wenn Sie die Stellung der Kerze eingenommen haben, legen Sie die Hände nicht flach gegen den Rücken, sondern mit ausgestreckten Armen hinter den Rücken, die Handflächen auf dem Boden. Atmen Sie tief und bleiben Sie, so lange es Ihnen angenehm ist, in dieser Stellung. Vergessen Sie das langsame Abrollen nicht, wenn Sie in die Ausgangsstellung zurückkehren, und stehen Sie niemals plötzlich auf.
Konzentrieren Sie sich auf das Vischuda Chakra oder die Schilddrüse.

52 Das Dreieck, liegend (Trikonasana)

Regt die Tätigkeit der Leber und der Schilddrüse an. Lockert die Wirbelsäule, stärkt die Rückenmuskeln und dehnt die Muskeln der Schenkel. Lockert die Hüften.

Legen Sie sich auf den Rücken, die Arme neben dem Körper, Handflächen am Boden. Atmen Sie ein und heben Sie langsam die Beine, indem Sie die Wirbelsäule abrollen. Atmen Sie aus und bringen Sie die Fußspitzen hinter Ihrem Kopf auf den Boden, wie bei der Stellung des Pfluges. Sodann spreizen Sie die Beine so weit wie möglich. Führen Sie einige vollständige Atmungen durch bevor Sie in die Ausgangslage zurückkehren. Dann entspannen Sie sich.
Konzentrieren Sie sich auf das Vischuda Chakra oder die Wirbelsäule.

Beginnen Sie die Übungen mit der Atemgymnastik Nr. VII. Hier sind einige Übungen im Stehen, falls Sie sonntags nicht auf den Boden liegen wollen.

53 Beinheben (Ekapada hastasana)

Festigt das Gesäß, lockert die Lendengegend, stärkt die Muskeln des Bauches, der Schenkel und der Arme. Sehr anstrengende Übung, bei der das Blut in den Kopf strömt.
Zu vermeiden bei hohem Blutdruck und Herzleiden.

Stehen Sie aufrecht, Füße zusammen. Heben Sie die Arme über den Kopf und atmen Sie ein. Atmen Sie aus und beugen Sie dabei den Rumpf langsam nach vorn, bis Sie die Handflächen neben den Füßen auf den Boden legen können. Legen Sie möglichst die Stirn an das rechte Knie. Dann strecken Sie das linke Bein so weit wie möglich nach hinten. Bleiben Sie in dieser Stellung, so lange Sie den Atem anhalten können. Dann atmen Sie ein und kehren in die Ausgangsstellung zurück, die Arme über dem Kopf ausgestreckt. Beim Ausatmen lassen Sie die Arme entspannt fallen. Wiederholen Sie dieselbe Übung mit dem rechten Bein. Dann entspannen Sie sich.

54 Das Dreieck, stehend, Variante (Konasana)

Dehnt und lockert die Muskeln der Beine, des Rückens und der Taille. Übt eine günstige Wirkung auf die Leber aus.

Stehen Sie aufrecht, Arme und Beine gespreizt. Atmen Sie ein und drehen Sie den Rumpf so weit wie möglich nach rechts. Beim Ausatmen beugen Sie den Rumpf nach vorn, so daß Sie die linke Handfläche außen neben den rechten Fuß legen kön-

»Jede Schwierigkeit gibt Gelegenheit zu neuem Fortschritt, denn was wir als Schwierigkeit erkannt haben, macht diese bewußt, damit man sich mit ihr auseinandersetzen und Abhilfe schaffen kann.« Nolini Kanta Gupta

---

nen. Der rechte Arm bleibt dabei ausgestreckt, so daß beide Arme eine Gerade bilden. In dieser Stellung können Sie mehrere tiefe Atemzüge machen oder zum Einatmen in die Ausgangsstellung zurückkehren. Machen Sie dieselbe Übung nach der andern Seite.
Konzentrieren Sie sich auf das Manipura Chakra.

55 Lockerung der Wirbelsäule
Stehen Sie aufrecht, die Beine gespreizt (30 Zentimeter), die Hände an den Hüften, die Ellbogen nach hinten. Atmen Sie ein und beugen Sie den Oberkörper nach hinten. Die Beine bleiben gestreckt, der Kopf fällt entspannt nach hinten. Atmen Sie aus und gehen Sie in die Ausgangsstellung zurück.

56 Die Zange, vorbereitende Übung (Paschimatanasana)
Diese vorbereitende Übung dient zur Stärkung der Kniekehle und lockert Knie und Zehen.

Gehen Sie in die Hocke, das Gesäß an den Fersen, die Arme gestreckt, die Hände am Boden. Heben Sie den Kopf und atmen Sie ein. Beim Ausatmen richten Sie sich auf, ohne die Hände vom Boden zu nehmen. Die Knie bleiben möglichst durchgedrückt.

Beginnen Sie die Übungen mit der Atemgymnastik Nr. VII.

57 Beinheben, Variante (Ekapada hastasana)
Festigt und stärkt das Gesäß und die Muskeln der Schenkel. Nicht geeignet bei Herzleiden und zu hohem Blutdruck.

Stehen Sie aufrecht, die Beine zusammen, die Hände entlang dem Körper. Atmen Sie ein; beugen Sie sich nach links, bis Sie mit ihrer linken Hand nahe dem linken Fuß den Boden berühren. Dabei atmen Sie aus. Strecken Sie das rechte Bein waagrecht nach hinten. Die rechte Hand bleibt dabei auf dem rechten Schenkel. Bleiben Sie in dieser Stellung, so lange Sie den Atem anhalten können; beim Einatmen kehren Sie in die Ausgangsstellung zurück. Wiederholen Sie die Übung mit dem rechten Bein. Dann entspannen Sie sich.

58 Die Kerze, Variante Nr. 2 (Sarvângasana)
Diese Übung hat dieselbe Wirkung wie die Übung Nr. 42. Das Gewicht des Körpers ruht jedoch mehr auf den Schultern. Die Rückenmuskeln werden stärker betätigt, um den Körper geradezuhalten. In dieser Stellung ist es schwieriger, das Gleichgewicht zu halten als bei den andern Varianten. Machen Sie diese Übung nur, wenn Sie ohne Ermüdung fünf Minuten lang in der Stellung Nr. 42 bleiben können, und wenn Sie die Stellung Nr. 51 ohne Schwierigkeit beherrschen.
Nicht zu empfehlen bei Beschwerden der Wirbelsäule, insbesondere der Lendengegend oder des Nackens.

Nehmen Sie die Stellung der Kerze ein. Sobald Sie sicher auf den Schultern und dem Hals stehen, strecken Sie die Arme langsam

»Jede Freude ist ein Gewinn,
und Gewinn bleibt Gewinn,
sei er noch so klein.« Nolini Kanta Gupta

---

seitwärts aus, die Handflächen auf dem Boden, so daß sie sich in Verlängerung der Schultern befinden. Atmen Sie tief und bleiben Sie in dieser Stellung, so lange es Ihnen angenehm ist. Kehren Sie in die Rückenlage zurück, indem Sie sich langsam abrollen. Danach stehen Sie nicht plötzlich auf. Bild Seite 10.

59 Die halbe Brücke, Variante (Sedhubandasana)
Stärkt die Lendengegend und die Schenkel; regt Nebennieren und Geschlechtsdrüsen an, erhöht die Atemkapazität.

Legen Sie sich auf den Rücken, die Beine angezogen, die Fußsohlen auf dem Boden, die Arme neben dem Körper. Fassen Sie Ihre Knöchel, heben Sie Schenkel, Gesäß und Rücken, so daß das Gewicht des Körpers ausschließlich auf den Füßen und der Nackengegend ruht. Atmen Sie tief. Bleiben Sie in dieser Stellung, so lange es Ihnen angenehm ist. Dann gehen Sie in die Ausgangslage zurück und ruhen sich aus.

60 Kopf auf dem Knie (Janushirsâsana)
Dehnt Bein- und Rückenmuskeln, macht die Wirbelsäule beweglich, regt die Beckengegend an, wirkt gegen Verstopfung. Ausgezeichnetes Mittel gegen Magenverstimmungen. Bild Seite 10.

Setzen Sie sich, die Beine gespreizt. Ziehen Sie das linke Bein an und legen Sie die Fußsohle gegen die Leiste. Heben Sie die Arme über den Kopf, atmen Sie ein und richten Sie den Rücken gut auf. Dann beugen Sie sich über Ihr rechtes Bein und atmen aus. Die Stirn soll das Knie berühren, die Hände die große Zehe des rechten Fußes. Halten Sie so lange wie möglich den Atem an. Sobald Sie Luft holen müssen, kehren Sie in die Ausgangsstellung zurück. Wiederholen Sie dieselbe Übung nach links.

Beginnen Sie die Übungen mit der Atemgymnastik Nr. VII.

61 Der Baum, Variante (Vriksasana)
Entwickelt das Gleichgewicht des Körpers, macht Knie und Hüften gelenkig, dehnt die Beinmuskeln.

Nehmen Sie die Stellung des Baumes ein; atmen Sie ein. Heben Sie die Hände über den Kopf, dann beugen Sie sich nach vorn und atmen aus. Die Stirn sollte nach Möglichkeit das Knie des Standbeines und die Hände den Boden berühren. Wiederholen Sie die Übung auf dem andern Bein. Dann entspannen Sie sich.

62 Die Spirale oder Drehstellung (Matsyendrasana)
Macht die Wirbelsäule gelenkig, belebt die Rückenmuskeln, regt die Leber an und behebt Darmträgheit. Erleichtert Beschwerden des großen Sympathikus. Eine der wenigen Übungen, bei denen die Wirbelsäule auf Torsion beansprucht wird. Bild Seite 10.

Setzen Sie sich auf den Boden, die Beine ausgestreckt; ziehen Sie das linke Bein an, schieben Sie den linken Fuß unter dem rechten Bein hindurch und legen Sie ihn neben das Gesäß. Die beiden Knie befinden sich nebeneinander. Ziehen Sie das rechte Bein an und setzen Sie den Fuß flach vor das linke Knie. Drehen Sie den Rumpf nach rechts. Führen Sie die rechte Hand hinter dem Rücken bis zum linken Schenkel. Drücken Sie das rechte Knie mit dem linken Arm nach links und legen Sie die linke Hand auf den rechten Fuß. Drehen Sie den Kopf nach rechts, das Kinn über der Schulter. Bleiben Sie möglichst lang in dieser Stellung, mindestens jedoch drei Atemzüge lang.
Bei der echten Matsyendrasana-Stellung faßt die rechte Hand

»Durch Sinnieren und Jammern über seine Sorgen findet man das Glück in seinem Leben nie.«

---

hinter dem Rücken herum den Knöchel des rechten Fußes, die linke Hand liegt auf dem linken Knie.
Konzentrieren Sie sich auf die Wirbelsäule. Die Übung wird stets nach beiden Seiten ausgeführt.

63 Die Zange, liegend, Variante (Paschimatanasana)
Läßt Fettpölsterchen und Zellulitis an Bauch und Hüften verschwinden. Die Wirbelsäule wird zugleich belebt und gelockert. Diese Stellung dehnt die Beinmuskeln, festigt das Gesäß und wirkt entspannend.
Legen Sie sich auf den Rücken, die Arme über den Kopf ausgestreckt, die Handflächen nach oben. Atmen Sie ein. Beim Ausatmen heben Sie die Arme, den Kopf, die Schultern, die Wirbelsäule langsam und stetig abrollend. Dann legen Sie den Oberkörper auf die Beine, den Kopf auf die Knie, die Ellbogen außen neben den Beinen auf den Boden. Daumen und Zeigefinger halten die große Zehe. Bleiben Sie in dieser Stellung, so lange Sie den Atem anhalten können. Dann atmen Sie ein und legen sich langsam abrollend hin. Atmen Sie aus und lassen die Arme entspannt neben dem Körper auf den Boden fallen. Machen Sie mindestens drei tiefe Atemzüge und beginnen Sie die Übung von neuem.

64 Der Frosch (Mandukasana)
Lockert den Spann sowie die Knie- und Hüftgelenke; verringert die Blutzufuhr in die Beine. Regt die Verdauung nach dem Essen an. Hilft den Rücken geradehalten.
Knien Sie nieder, die Knie möglichst weit gespreizt, die großen Zehen sollen sich berühren. Versuchen Sie, sich zwischen Ihre Füße zu setzen, den Rücken schön gerade, die Hände auf den Knien. In dieser Stellung atmen Sie tief oder rhythmisch.

Beginnen Sie die Übungen mit der Atemgymnastik Nr. VIII.

65 Der Storch (Uttanasana)

Entwickelt das Gleichgewicht des Körpers, lockert Knöchel, Knie, Hüften, Schultern und Arme, kräftigt die Beine.

Nehmen Sie die Stellung Nr. 5, der Storch, ein. Führen Sie Ihre rechte Hand hinter dem Rücken herum und ergreifen Sie Ihren rechten Fuß, welcher sich auf der linken Hüfte befindet. Der linke Arm wird horizontal ausgestreckt. Bleiben Sie mehrere Atemzüge lang in dieser Stellung. Dann wechseln Sie das Bein. Konzentrieren Sie sich auf das Adschna Chakra. Diese Übung ist sehr schwierig. Sie wird Ihnen erst gelingen, wenn Sie Nr. 5 einwandfrei beherrschen.

66 Lockerungsübung (Drehen der Wirbelsäule)

Die Drehbewegung der Lendenwirbel verleiht Gelenkigkeit und stärkt die Lendenmuskeln, gibt schlanke Hüften.

Legen Sie sich auf den Rücken, Arme seitwärts ausgebreitet, Handflächen nach unten. Heben Sie langsam die gestreckten Beine senkrecht und atmen Sie ein. Atmen Sie aus und beugen Sie die gestreckten Beine nach links; versuchen Sie, Ihre linke Hand zu berühren. Drehen Sie gleichzeitig den Kopf nach rechts. Führen Sie Ihre Beine in die Senkrechte zurück und atmen Sie ein. Lassen Sie die Beine langsam ab und atmen Sie aus. Wiederholen Sie dieselbe Übung nach rechts. Vergessen Sie dabei nicht, den Kopf nach links zu drehen.

»Die einzige Sühne für einen begangenen Fehler ist, die Sache bei nächster Gelegenheit recht zu machen.« Nolini Kanta Gupta

---

67

67 Das Rad, Variante (Chakrasana)

Kräftigt die Muskeln des Bauches, der Schenkel, der Beine und des Rückens.

Nehmen Sie die Stellung Nr. 50, das Rad, ein; anstatt jedoch die Hände gegen die Schenkel zu legen, falten Sie sie auf der Brust, wie zum Gebet. Atmen Sie mehrere Male, ohne dabei nach hinten zu fallen. Dann setzen Sie sich auf die Beine und strecken die Arme über dem Kopf aus.
Konzentrieren Sie sich auf das Muladra Chakra.

68 Die Schaukel, Variante

Diese Übung soll vorzugsweise morgens gemacht werden. Sie wirkt als Massage und macht das Rückgrat geschmeidig, regt die Nerven an.

Setzen Sie sich, dann ziehen Sie die Beine an und kreuzen sie. Fassen Sie die Füße mit den Händen, machen Sie Ihren Rücken rund, atmen Sie ein und schaukeln Sie nach hinten; die Knie dürfen den Boden berühren. Atmen Sie aus und schaukeln Sie dabei zurück in die Ausgangsstellung.
Wenn Sie zu viel Schwung holen, kippen Sie zu weit nach hinten; haben Sie zu wenig Schwung, so gelangen Sie nicht in die Ausgangsstellung zurück.

Beginnen Sie die Übungen mit der Atemgymnastik Nr. VIII.

69 Bein heben (Udhitta padasana)

Entwickelt das Gleichgewicht des Körpers, dehnt die Muskeln der Beine, lockert die Hüftgelenke.

Stehen Sie aufrecht, atmen Sie aus und heben Sie das rechte Bein. Fassen Sie die große Zehe, atmen Sie ein und strecken Sie das Bein. Legen Sie den linken Arm hinter den Rücken. Üben Sie, bis Sie mehrere Atemzüge lang in dieser Stellung bleiben können. Dann wechseln Sie das Bein.
Konzentrieren Sie sich auf das Adschna Chakra.

70 UmgekehrteStellung, einseitig(Ardha Viparitâkarani)

Lockert die Knie, stärkt die Rückenmuskeln, entspannt den Körper.
Nicht geeignet bei Beschwerden der Wirbelsäule und hohem Blutdruck.

Legen Sie sich auf den Rücken. Nehmen Sie die Stellung Nr. 15 ein und atmen Sie aus. Setzen Sie das rechte Knie auf die Stirn, das linke Bein bleibt gestreckt. Das linke Knie liegt auf der rechten Fußsohle. Machen Sie in dieser Stellung einige tiefe Atemzüge. Nehmen Sie die Anfangsstellung ein - Rücken am Boden, Beine in der Luft - indem Sie sich langsam abrollen. Wiederholen Sie die Übung mit dem linken Bein. Dann entspannen Sie sich. Bild Seite 10.
Konzentrieren Sie sich auf das Manipura Chakra.

»Es gibt keinen Fehler, der nicht wieder gutzumachen wäre, und aus dem man nicht sogar Vorteil ziehen könnte.«

Nolini Kanta Gupta

---

71 Rückenlage, kniend (Supta-vajrasana)

Lockert die Kniegelenke, den Spann und die Lendengegend. Dehnt die Muskeln der Schenkel und stärkt die Rückenmuskulatur. Diese Übung wirkt anregend und regenerierend.

Knien Sie nieder, die Füße gespreizt; setzen Sie sich zwischen die Füße. Beugen Sie den Oberkörper zurück. Stützen Sie sich dabei auf die Ellbogen, bis der Rücken auf dem Boden ruht. Legen Sie die Hände unter die Lendengegend oder unter den Nacken. Atmen Sie tief. Bleiben Sie in dieser Stellung so lange es Ihnen angenehm ist. Bild Seite 10.
Konzentrieren Sie sich auf das Manipura Chakra.

72 Kopf auf dem Knie, Variante (Janushirsâsana)

Lockert Füße und Knie. Dehnt die Muskeln der Beine, der Arme und der Taille.

Setzen Sie sich mit gespreizten Beinen. Ziehen Sie das linke Bein an und setzen Sie die Fußsohle gegen die rechte Leiste. Atmen Sie ein und heben Sie die Arme über den Kopf. Drehen Sie den Rumpf nach links und beugen Sie sich beim Ausatmen nach rechts, legen Sie den Oberkörper auf das rechte Bein, der rechte Ellbogen ist neben dem rechten Knie. Die rechte Hand faßt die Innenseite des rechten Fußes, der Kopf berührt das Knie. Der linke Arm greift über den Kopf und faßt die Außenseite des rechten Fußes. Machen Sie einige Atemzüge und gehen Sie beim Einatmen in die Ausgangsstellung zurück. Wiederholen Sie diese Übung mit dem anderen Bein. Bild Seite 10.
Konzentrieren Sie sich auf das Anahata Chakra.

Beginnen Sie die Übungen mit der Atemgymnastik Nr. VIII.

73 Tanzstellung (Natarajasana)

Dehnt die Beinmuskeln, stärkt die Muskeln des Rückens und lockert die Wirbelsäule. Entwickelt das Gleichgewicht.

Atmen Sie aus. Fassen Sie die große Zehe des linken Fußes mit der linken Hand. Atmen Sie ein und heben Sie den rechten Arm senkrecht empor. Gleichzeitig strecken Sie das linke Bein so weit wie möglich nach hinten, ohne jedoch die Zehe loszulassen. Dabei neigen sich Arm, Kopf und Oberkörper leicht nach vorn. Bleiben Sie mehrere tiefe Atemzüge lang in dieser Stellung. Dann wiederholen Sie die Übung auf dem anderen Bein.

74 Der Bogen (Dhanurasana)

Stärkt die Muskeln des Rückens, der Schenkel und des Bauches. Übt eine natürliche Massage auf den Bauch aus, baut Fettpolster ab. Regt Leber, Nieren, Bauchspeicheldrüse und die innersekretorischen Drüsen an. Als tägliche Übung für Frauen mit unregelmäßigem Monatszyklus zu empfehlen. Nicht geeignet bei Überfunktion der Schilddrüse und Herzleiden.

Legen Sie sich auf den Bauch, ziehen Sie die Beine an und versuchen Sie, mit den Fersen das Gesäß zu berühren. Fassen Sie den rechten Knöchel mit der rechten Hand und den linken Knöchel mit der linken Hand. Atmen Sie ein, dabei bilden Sie mit dem Rücken einen Bogen, dann atmen Sie aus und entspannen sich; wiederholen Sie die Übung mehrere Male.
Wenn Sie gelenkig sind und Ihre Muskeln gut gekräftigt haben, schaukeln Sie auf dem Bauch und atmen dabei tief.

»Man kann nicht wissend sein vom Wissen anderer; man ist nur weise von seiner eigenen Weisheit.« Montaigne

---

75 Der Pflug als Entspannungsübung, Variante (Halasana)
Sehr angenehme Stellung; hat dieselbe Wirkung wie Nr. 44. Außerdem regt diese Stellung den Rückfluß des Blutes aus den Beinen an und erzeugt so ein Gefühl angenehmer Leichtigkeit.

Nehmen Sie die Stellung Nr. 44 ein. Legen Sie dann die Hände hinter die Schultern, Handflächen zum Boden auf beiden Seiten des Halses, Fingerspitzen zu den Schultern. Zum Schluß legen Sie die Knie auf die Ellbogen, die Füße sind dabei waagrecht. Bleiben Sie in dieser Stellung, so lange es Ihnen angenehm ist, und atmen Sie dabei tief.
Bei der Rückkehr in die Ausgangsstellung zunächst die Beine - mit durchgedrücktem Knie - ausstrecken, die Zehen berühren hinter dem Kopf den Boden. Dann strecken Sie die Arme wieder aus, Handflächen zum Boden (Ausgangsstellung Nr. 44). Rollen Sie die Wirbelsäule ab, Rücken, Lenden, Gesäß und Beine. Ruhen Sie sich aus. Bild Seite 8.

76 Der Kuhkopf (Gomukhasana)
Erhöht die Atemkapazität, entwickelt die Rückenmuskeln, lockert die Gelenke der Knöchel, Knie, Hüften und Schultern.

Knien Sie nieder, die Füße gespreizt. Setzen Sie sich zwischen die Füße, die Innenflächen berühren den Boden. Bringen Sie Ihre Hände auf dem Rücken zusammen, wobei die rechte Hand über die Schulter nach unten greift und die Finger der von unten kommenden linken Hand faßt. Machen Sie mehrere tiefe Atemzüge, dann wechseln Sie die Arme, das heißt nunmehr greift die linke Hand über die Schulter und faßt die Finger der rechten Hand. Bild Seite 8.
Konzentrieren Sie sich auf das Anahata Chakra.

Beginnen Sie die Übungen mit der Atemgymnastik Nr. X.

77 Der Storch, Variante (Uttanasana)
Entwickelt das Gleichgewicht des Körpers, lockert die Knöchel, die Knie, die Hüften, dehnt die Beinmuskeln, massiert den Bauch.

Nehmen Sie die Stellung Nr. 5 (der Storch) ein. Heben Sie die Hände über den Kopf und atmen Sie ein. Beim Ausatmen beugen Sie sich nach vorn, so daß die Stirn womöglich das Knie berührt und die Hände mit den Handflächen neben dem Fuß auf dem Boden aufliegen. Machen Sie mehrere Atemzüge in dieser Stellung. Dann wechseln Sie das Bein.
Konzentrieren Sie sich auf das Manipura Chakra.

78 Die Kerze, Variante (Sarvangasana)
Hat dieselbe Wirkung wie Übung Nr. 42, das Gewicht ruht jedoch mehr auf dem Hals. Die Rückenmuskeln werden stärker betätigt, um den Körper geradezuhalten. In dieser Stellung ist es schwieriger, das Gleichgewicht zu halten als bei den andern Varianten. Führen Sie die Übung nur aus, wenn Sie ohne Ermüdung fünf Minuten in der Stellung 42 bleiben können.
Nicht zu empfehlen für Personen, die unter Beschwerden der Wirbelsäule leiden, besonders der Lendengegend oder des Nackens.

Nehmen Sie die Stellung der Kerze ein. Sobald Sie sicher auf Schulter und Hals stehen, legen Sie die Arme an die Schenkel an. Atmen Sie tief, und bleiben Sie in dieser Stellung, so lange es

Das Glück *»Das Glück ist ein Traum,*
Und so ist es gut.
Wer ihn wünscht, der ihn hat,
Und nichts nimmt ihn weg.« Arlovi

Ihnen angenehm ist. Dann rollen Sie sich langsam ab. Erheben Sie sich nicht plötzlich. Bild Seite 8.
Konzentrieren Sie sich auf die Schilddrüse oder das Vischuda Chakra.

79 Der Pflug, Variante (Halasana)
Wirkung und Ausgangsstellung sind gleich wie bei Übung Nr. 44, doch erfährt die Wirbelsäule eine stärkere Beanspruchung und die Muskeln eine maximale Dehnung.

Wenn Sie die Stellung 44 eingenommen haben, schieben Sie die gestreckten Beine so weit wie möglich hinter den Kopf. Legen Sie die Hände unter den Nacken, Handrücken zum Boden. Vergessen Sie dabei nicht, tief zu atmen. Gehen Sie langsam und kontinuierlich abrollend in die Ausgangsstellung zurück und ruhen Sie sich aus. Stehen Sie niemals plötzlich auf. Konzentrieren Sie sich auf das Manipura Chakra.

80 Die halbe Heuschrecke (Ardha Salabhasana)
Festigt das Gesäß, stärkt den Rücken, kräftigt den Bauch, reguliert die Funktion der Verdauungsorgane; regt Leber und Nieren an.

Legen Sie sich auf den Bauch, die Arme entlang dem Körper, Handflächen nach oben. Atmen Sie ein und heben Sie langsam das rechte Bein, atmen Sie aus und legen Sie das Bein nieder (dreimal). Wiederholen Sie die Übung mit dem linken Bein. Konzentrieren Sie sich auf das Svadischtana Chakra.

Beginnen Sie die Übungen mit der Atemgymnastik Nr. X.

81 Balance-Übung auf einer Fußspitze (Padangushtasana)
Stärkt Bein- und Fußmuskeln.

Setzen Sie sich auf die Ferse Ihres rechten Fußes. Strecken Sie das linke Bein waagrecht nach vorn. Atmen Sie tief und versuchen Sie, so lange wie möglich auf der Fußspitze im Gleichgewicht zu bleiben. Gleichzeitig falten Sie die Hände vor der Brust. Machen Sie dieselbe Übung auf der linken Fußspitze. Konzentrieren Sie sich auf das Adschna Chakra.

82 Das Dreieck, stehend, Variante (Konasana)
Dehnt und lockert Rücken- und Beinmuskeln. Macht die Taille schlank. Gut für die Leber.

Stehen Sie aufrecht, Arme und Beine gespreizt. Atmen Sie ein und strecken Sie den linken Arm senkrecht nach oben, Handfläche nach innen. Pressen Sie den Arm gegen das linke Ohr. Atmen Sie aus und beugen Sie sich nach rechts, bis Ihre rechte Hand den rechten Fuß berührt. Wenn Sie einatmen müssen, kehren Sie in die Ausgangsstellung zurück. Sie können auch mehrere Atemzüge lang in dieser Stellung bleiben; wiederholen Sie die Übung nach links.
Konzentrieren Sie sich auf das Anahata Chakra.

83 Lockerung der Wirbelsäule
Stehen Sie aufrecht, mit geschlossenen Füßen, die Hände an den Hüften, die Ellbogen nach hinten. Atmen Sie ein. Recken Sie den Kopf in die Höhe, als wollten Sie ein Gewicht heben.

»Das Geheimnis der Liebe ist die Freude
an der Hingabe seiner selbst.
Das Geheimnis der Freude ist die Hingabe seiner selbst.
Wenn ein Teil deiner selbst ohne Freude ist,
So bedeutet das, daß er sich nicht hingegeben hat
und sich für sich selbst behalten will.«

Nolini Kanta Gupta

Beim Ausatmen beugen Sie sich nach vorn, so tief wie möglich. Der Oberkörper bleibt dabei gestreckt. Beim Einatmen kehren Sie in die Ausgangsstellung zurück.
Konzentrieren Sie sich auf die Wirbelsäule.

84 Die Zange, stehend (Paschimatanasana)
Massiert die Beckengegend, baut Fettpolster am Bauch ab, macht die Wirbelsäule beweglich und bewirkt eine Dehnung der Kniekehle und des Ischiasnervs.

Stehen Sie aufrecht, heben Sie die Arme und atmen Sie ein. Strecken Sie die Arme nach oben. Dann beugen Sie sich nach vorn und atmen aus. Versuchen Sie, die große Zehe mit Daumen und Zeigefinger zu fassen. Bleiben Sie so lange wie möglich in dieser Stellung (jedoch ohne sich Gewalt anzutun), halten Sie dabei den Atem an. Richten Sie sich wieder auf und atmen Sie ein.
Konzentrieren Sie sich auf das Manipura Chakra.

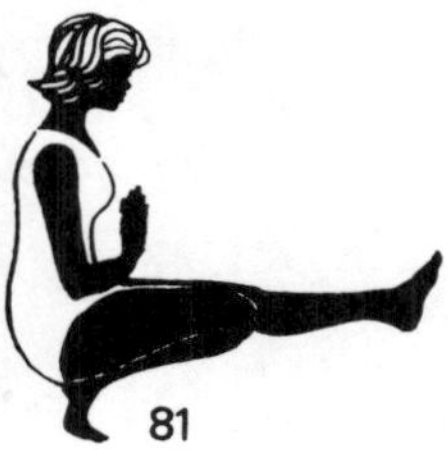
81

83

Beginnen Sie die Übungen mit der Atemgymnastik Nr. XVI.

85 Balance-Übung auf einer Fußspitze (Padangushtasana)
Stärkt Bein- und Fußmuskeln, entwickelt die Konzentration und das Gleichgewicht des Körpers.

Setzen Sie sich auf die Ferse Ihres linken Fußes. Strecken Sie das rechte Bein waagrecht nach vorn. Fassen Sie die große Zehe mit der rechten Hand. Der linke Arm liegt hinter dem Rücken. Atmen Sie tief und versuchen Sie, so lange wie möglich auf der Fußspitze das Gleichgewicht zu halten. Machen Sie dieselbe Übung auf dem rechten Fuß.
Konzentrieren Sie sich auf das Adschna Chakra.

86 Knie zur Stirn (aufrecht sitzend)
Variante (Janushirsâsana)
Die Muskeln der Beine, der Arme, der Schultern und des Rükkens erfahren eine maximale Dehnung.

Setzen Sie sich mit gespreizten Beinen. Ziehen Sie das linke Bein an und legen Sie die Fußsohle gegen die Leiste. Ziehen Sie das rechte Bein an, die Fußsohle bleibt auf dem Boden. Fassen Sie den rechten Fuß mit den Händen und heben Sie Bein und Arme senkrecht empor, wobei Sie einatmen. Bleiben Sie einige Atemzüge lang in dieser Stellung. Beim Ausatmen kehren Sie in die Ausgangsstellung zurück. Wiederholen Sie die Übung mit dem anderen Bein.
Konzentrieren Sie sich auf das Manipura Chakra.

»Nicht das Alter macht uns weise, sondern die Lebendigkeit des Geistes.« H. Miller

---

87 Die Heuschrecke (Salabhasana)

Festigt das Gesäß, stärkt den Rücken und die Bauchmuskeln, reguliert die Funktion der Verdauungsorgane. Wirkt günstig auf Leber und Nieren. Diese Stellung ist anstrengender und erfordert mehr Übung als Nr. 80.
Nicht geeignet bei Herzleiden.

Legen Sie sich auf den Bauch, das Kinn am Boden, die Arme neben dem Körper ausgestreckt, Handflächen nach oben. Schließen Sie die Hände zur Faust. Atmen Sie ein und heben Sie die Beine. Wenn Sie ausatmen müssen, lassen Sie sie langsam wieder ab.
Konzentrieren Sie sich auf das Svadischtana Chakra.

88 Der Pflug als Entspannungsübung, Variante Nr. 3 (Halasana)

Gleiche Wirkung wie Übung Nr. 75. Ist manchmal leichter als diese.

Nehmen Sie die Stellung 44 ein. Anstatt die Beine auszustrecken legen Sie die Knie auf die Stirn und bleiben in dieser Stellung so lange Sie Lust haben.
Konzentrieren Sie sich auf das Manipura Chakra.

86

88

Beginnen Sie die Übungen mit der Atemgymnastik Nr. XI.

89 Balance-Übung auf einer Fußspitze (Padangushtasana)
Stärkt Bein- und Fußmuskeln, entwickelt die Konzentration und das Gleichgewicht des Körpers. Bild Seite 8.

Setzen Sie sich auf die Ferse des linken Fußes. Beugen Sie das rechte Bein und legen Sie den Fuß auf den linken Schenkel. Falten Sie die Hände vor der Brust. Halten Sie so lange wie möglich das Gleichgewicht auf der Fußspitze und atmen Sie dabei tief. Wiederholen Sie die Übung auf dem rechten Fuß. Konzentrieren Sie sich auf das Adschna Chakra.

90 Das Rad (oder die Brücke)
Stärkt die Muskeln der Beine, der Schenkel, des Gesäßes, der Arme, der Schultern und die Bauchmuskeln. Lockert die Wirbelsäule, insbesondere in der Lendengegend. Zu empfehlen nach einer Schwangerschaft.
Nicht geeignet für Herzkranke.

Legen Sie sich auf den Rücken, die Beine angezogen, die Fußsohlen auf dem Boden; die Hände hinter den Schultern, die Handflächen auf dem Boden, die Finger zeigen in Richtung auf die Schultern. Atmen Sie ein, stützen Sie sich auf die Arme, bis die Arme völlig gestreckt sind, heben Sie dabei den Körper so weit wie möglich an. Legen Sie sich wieder nieder und atmen Sie dabei aus. Wiederholen Sie die Übung mehrere Male. Dann ruhen Sie sich aus. Bild Seite 8.
Konzentrieren Sie sich auf das Manipura Chakra.

»Sag nicht: ›Ich werde sehen, wenn ich Zeit habe.‹ Wer sagt dir, daß du sie jemals haben wirst?« Jüdisches Sprichwort

---

91 Der Schwan (Swandasana)
Stärkt Arme und Schultern sowie die Rückenmuskeln, lockert Wirbelsäule und Knie, läßt Fettpolster in der Bauchgegend verschwinden.

Legen Sie sich auf den Bauch, die Hände neben den Schultern, die Handflächen auf dem Boden. Atmen Sie ein und heben Sie den Oberkörper, indem Sie sich auf die Hände stützen und die Arme strecken. Bleiben Sie in dieser Stellung, so lange Sie den Atem anhalten können. Dann setzen Sie sich auf die Fersen, wobei Sie die Arme so lange wie möglich strecken und ausatmen. Die Handflächen bleiben auf dem Boden, der Rumpf ruht auf den Schenkeln. Atmen Sie ein und kehren Sie in die erste Stellung zurück, dann atmen Sie aus und legen sich wieder auf den Bauch. Wiederholen Sie die Übung mehrere Male.
Konzentrieren Sie sich auf das Manipura Chakra.

92 Der Lotossitz, vorbereitende Übung (Padmasana)
Richtet die Wirbelsäule auf und verbessert die Haltung. Lockert die Kniegelenke.

Setzen Sie sich auf den Boden, den Rücken schön gerade, die Beine gestreckt. Beugen Sie das rechte Bein und legen Sie die rechte Fußsohle gegen den linken Schenkel. Legen Sie die Hände auf die Knie. Atmen Sie ein und richten Sie sich auf. Beim Ausatmen drücken Sie mit der rechten Hand auf das rechte Knie, so daß das Knie flach auf dem Boden aufliegt und die Sehnen gedehnt werden. Wiederholen Sie die Übung mit dem linken Bein.

Beginnen Sie die Übung mit der Atemgymnastik Nr. XI.

93 Balance-Übung auf einer Fußspitze (Padangushtasana)

Stärkt Bein- und Fußmuskeln, entwickelt die Konzentration und das Gleichgewicht des Körpers.

Setzen Sie sich auf die linke Ferse. Beugen Sie das rechte Bein und legen Sie den Fuß auf den linken Schenkel. Falten Sie die Hände über dem Kopf. Halten Sie so lange wie möglich das Gleichgewicht auf der Fußspitze und atmen Sie dabei tief. Wiederholen Sie die Übung auf dem rechten Fuß.
Konzentrieren Sie sich auf das Adschna Chakra.

94 Das Dreieck als Gleichgewichtsübung (Trikonasana)

Stärkt Bein-, Rücken- und Bauchmuskeln, festigt das Gesäß.

Setzen Sie sich, die Beine angezogen, die Fußsohlen auf dem Boden, die Fersen sollen nach Möglichkeit das Gesäß berühren. Fassen Sie die großen Zehen, atmen Sie ein und strecken Sie die Beine gespreizt so hoch wie möglich nach oben. Der Rücken ist schön gerade, nur das Gesäß berührt noch den Boden. Strecken Sie die Beine gut aus. Versuchen Sie, so lange wie möglich im Gleichgewicht zu bleiben. Fassen Sie einen festen Punkt ins Auge, und denken Sie an nichts. So können Sie am besten das Gleichgewicht halten. Danach entspannen Sie sich.
Konzentrieren Sie sich auf das Adschna Chakra.

95 Der Diamant (Vajrasana)

Lockert Spann, Kniegelenke und Lendengegend. Stärkt Hals- und Rückenmuskeln. Dehnt die Muskeln der Schenkel.

»Wenn dich die Liebe besucht, laß sie nicht wieder hinaus.«

Sprichwort

Knien Sie nieder, setzen Sie sich auf die Fersen, beugen Sie den Oberkörper nach hinten und stützen Sie sich auf die Unterarme. Nach mehrtägigem Training versuchen Sie, den Kopf auf den Boden zu legen. Wenn Ihr Rücken gelenkig genug geworden ist, können Sie die Arme über den Kopf ausstrecken. Bei der vollständigen Übung legen Sie die Handflächen auf die Schenkel und lassen das Gewicht des Körpers auf den Beinen, dem Kopf und dem Hals ruhen.

96 Zange mit Stirn zum Knie (Janushirsâsana)

Dehnt die Beinmuskeln, lockert Hüft-, Knie- und Fußgelenke.

Setzen Sie sich. Ziehen Sie das linke Bein an und legen Sie den linken Unterschenkel neben den linken Oberschenkel. Atmen Sie ein und heben Sie die Arme. Beim Ausatmen neigen Sie sich über das rechte Bein. Versuchen Sie, die große Zehe mit Daumen und Zeigefinger zu fassen und das Knie mit dem Kopf zu berühren.

Konzentrieren Sie sich auf das Manipura Chakra.

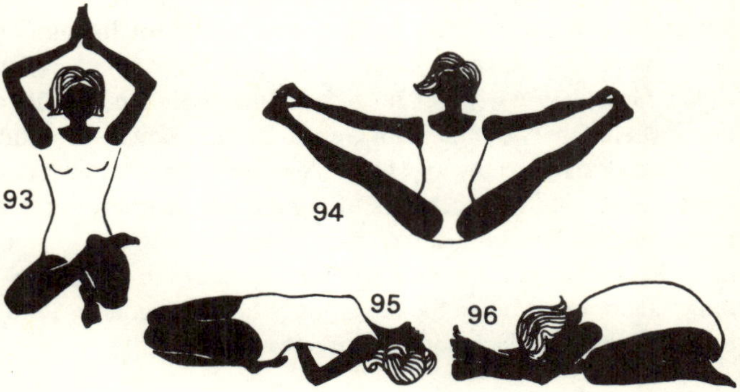

Beginnen Sie die Übungen mit der Atemgymnastik Nr. IX.

97 Der Rabe (Kakâsana)

Stärkt die Muskeln der Hände, der Arme, der Schultern und des Rückens. Durchblutet Hals und Gesicht. Erwärmt den Körper.

Gehen Sie in die Hocke, mit gespreizten Knien. Legen Sie die Handflächen in etwa 30 Zentimeter Abstand voneinander flach auf den Boden. Verlegen Sie Ihr ganzes Körpergewicht auf die Hände. Legen Sie die Knie so hoch wie möglich an die Außenseite der Oberarme an. Heben Sie die Füße zusammen vom Boden ab. Halten Sie das Gleichgewicht auf den Händen und atmen Sie tief.
Konzentrieren Sie sich auf das Adschna Chakra.

98 Der Heldensitz, Variante (Virasana)

Lockert Hüften, Knie, Spann, Arme und Schultern. Bewirkt eine Drehung der Wirbelsäule.

Setzen Sie sich auf den Boden. Führen Sie das rechte Bein unter dem linken Oberschenkel hindurch, so daß der Fuß neben der linken Gesäßhälfte liegt. Dann ziehen Sie den linken Fuß über den rechten Oberschenkel zum Gesäß. Drehen Sie Gesicht und Oberkörper nach rechts und fassen Sie den linken Fuß mit der linken Hand und den rechten Fuß hinter dem Rücken mit der rechten Hand. Die Knie und die Schultern befinden sich jetzt in einer Richtung. Machen Sie mehrere Atemzüge in dieser Stellung. Dann wiederholen Sie die Übung nach der anderen Seite.
Konzentrieren Sie sich auf die Wirbelsäule.

»Die Kränkungen schreib in den Sand, die Wohltaten auf Marmor.«
Sprichwort

---

99 Das Dreieck, schaukelnd (Trikonasana, Variante)

Außer der Stärkung der Bein-, Rücken- und Bauchmuskeln wirkt diese Übung als natürliche Massage auf die Wirbelsäule.

Nehmen sie die Stellung Nr. 94 ein, atmen Sie ein und schaukeln Sie rückwärts. Atmen Sie aus und schaukeln Sie dabei in einer langsamen stetigen Bewegung nach vorn. Dann ruhen Sie sich aus. Sie müssen mehrere Tage trainieren, bis Ihnen diese Übung gelingt.

100 Die Spinne, Variante (Kurmasana)

Lockert Rücken, Schultern, Hüften, Knie; massiert die Beckengegend.

Setzen Sie sich, die Beine nebeneinander angezogen, die Fußsohlen auf dem Boden. Die Knie sind gespreizt. Schieben Sie die Arme - die Handflächen nach unten - unter den Knien nach hinten durch, so daß die Stirn hinter den Fersen den Boden berührt. Die Knie liegen auf den Schultern. Schieben Sie die Schenkel mit den Armen gegen den Unterleib. Atmen Sie leicht. Anfänglich finden Sie es leichter, die Fußknöchel zu umfassen, um den Kopf auf den Boden legen zu können.
Konzentrieren Sie sich auf das Manipura Chakra.

97

98

100

Beginnen Sie die Übungen mit der Atemgymnastik Nr. IX.

101 Der Rabe, Variante (Kakâsana)
Stärkt die Muskeln des Rückens, der Arme und des Unterleibs.

Gehen Sie in die Hocke, die Hände etwa 30 Zentimeter voneinander entfernt neben dem rechten Schenkel. Legen Sie den rechten Schenkel auf den linken Arm, Knie und Füße geschlossen. Heben Sie die Füße vom Boden ab, so daß Ihr ganzes Gewicht auf den Händen ruht. Halten Sie das Gleichgewicht so lange Sie können und atmen Sie tief. Dann wechseln Sie die Seite. Bild Seite 8.

102 Füße halten (Hasta-padasana)
Bewirkt äußerste Streckung der Beinmuskeln. Lockert den Rücken, macht die Wirbelsäule beweglich.

Setzen Sie sich mit gespreizten Beinen, den Rücken schön gerade, die Hände auf den Knien und atmen Sie ein. Atmen Sie aus und lassen Sie die Hände an den Beinen entlang gleiten. Versuchen Sie, die großen Zehen zu fassen. Gleichzeitig beugen Sie sich nach vorne und berühren mit der Stirn den Boden. Wenn Sie gelenkig genug sind, können Sie in dieser Stellung einige tiefe Atemzüge machen. Andernfalls kehren Sie beim Einatmen in die Ausgangsstellung zurück.

103 Der Heldensitz (Virasana)
Stellung für die Meditation. Asana der Stille, gibt Ruhe und seelisches Gleichgewicht. Lockert Hüften, Knie und Füße. Der Rücken bleibt in dieser Stellung gerade.

»Die gegenwärtige Welt ist zu gefährlich, als daß der Mensch den schmalen Pfad der Wahrheit, und zu eng, als daß er den der Brüderlichkeit verlassen dürfte.« Rev. A. Powell Davies

---

Setzen Sie sich auf die Ferse des linken Beins. Ziehen sie das rechte Bein an und legen Sie den Fuß neben den linken Schenkel; die Fußsohle zeigt nach oben, ein Knie liegt über dem andern. Verschränken Sie die Finger über dem rechten Knie und halten Sie sich sehr gerade. Machen Sie Tiefenatmung oder rhythmische Atmung. Dann wechseln Sie das Bein. Setzen Sie sich auf die linke Ferse und legen Sie das rechte Bein darüber. Bild Seite 8.

104 Der Kopfstand, vorbereitende Übung (Shirshasana)
Stärkt Arme und Schultern, verbessert das Gedächtnis.
Nicht zu empfehlen bei Schnupfen und Stirnhöhlenkatarrh und bei zu hohem Blutdruck.

Ehe Sie den Kopfstand lernen, müssen Sie sich daran gewöhnen, den Kopf nach unten zu halten.
Bevor Sie sich an den Kopfstand wagen, sollten sie diese Stellung mindestens eine Woche lang täglich geübt haben. Das Körpergewicht liegt dabei auf den Unterarmen.

Knien Sie nieder, die Unterarme auf dem Boden, die Hände zusammen, die Finger verschränkt. Legen Sie den Kopf zwischen die Hände und die Unterarme, die Daumen umfassen den Hinterkopf. Die Ellbogen nicht zu weit auseinander, denn sie haben das Gewicht des Körpers zu tragen. Winkeln Sie die Zehen an und strecken Sie die Beine. Bringen Sie die Füße so nah wie möglich an den Kopf heran. Schließen sie die Augen und machen sie einige tiefe Atemzüge. Bleiben sie in dieser Stellung solange es Ihnen angenehm ist. Danach entspannen Sie sich.

Beginnen Sie die Übungen mit der Atemgymnastik Nr. XII.

105 Gekrümmte Stellung (Astha Vakrasana)
Stärkt Rücken-, Arm- und Bauchmuskeln.

Gehen Sie in die Hocke, den rechten Arm zwischen den Oberschenkeln. Versuchen Sie, auf den Händen zu balancieren, indem Sie die Innenseiten der Schenkel gegen den rechten Arm pressen und die Beine vom Boden heben, die Füße geschlossen oder gekreuzt. Dann wechseln Sie die Seite. Bild Seite 8.

106 Bein über die Schulter (Ekapadahastasana)
Lockert die Gelenke der Knie, den Rücken, die Schultern und stärkt den Unterleib.

Setzen Sie sich, die Beine ausgestreckt. Atmen Sie ein und fassen Sie gleichzeitig das linke Bein. Versuchen Sie, die Kniekehle über die Schulter zu legen. Die linke Hand liegt hinter dem Rücken. Heben Sie das rechte Bein. Bleiben Sie mehrere Atemzüge lang in dieser Stellung. Wiederholen Sie die Übung mit dem rechten Bein. Bild Seite 8.
Konzentrieren Sie sich auf das Manipura Chakra.

107 Der Pflug, Variante (Halasana)
Dieselbe Wirkung wie Übung 44, das gesamte Gewicht ruht jedoch auf der Nackengegend. Diese Stellung erfordert eine größere Gelenkigkeit der Wirbelsäule, der Beine und der Schultern.

Nehmen Sie die Stellung 44 ein, die Beine hinter dem Kopf ausgestreckt, die Zehen berühren den Boden. Spreizen Sie die ge-

»Man darf nie den Glauben an die Menschheit verlieren. Sie ist wie die See: Einige Tropfen schmutziges Wasser können sie nicht verschmutzen.« Gandhi

---

streckten Beine, so daß sich die Knie über und einige Zentimeter neben den Schultern befinden. Führen Sie jetzt die Arme zwischen den gespreizten Beinen hindurch, beugen Sie die Knie, bis sie den Boden neben den Schultern berühren. Greifen Sie mit den Händen über die Knöchel hinweg und legen Sie die Handrücken auf den Boden. Dann legen Sie den Spann auf die Handfläche. Atmen Sie tief und bleiben Sie in dieser Stellung so lange es Ihnen angenehm ist. Gehen Sie in die Ausgangsstellung zurück; heben Sie die Füße von den Händen ab, strecken Sie die Beine, legen Sie die ausgestreckten Arme hinter den Rücken, Handflächen zum Boden. Bringen Sie den Rücken, die Lendengegend, das Gesäß, die Beine in einer langsam und stetig abrollenden Bewegung auf den Boden. Dann ruhen Sie sich aus. Konzentrieren Sie sich auf das Manipura Chakra.

108 Der Kopfstand, vorbereitende Übung (Shirshasana)

Stärkt Arme, Schultern und Rücken, verbessert das Gedächtnis.
Nicht zu empfehlen bei Schnupfen und Stirnhöhlenkatarrh.

Knien Sie nieder, die Unterarme auf dem Boden, die Hände zusammen, die Finger verschränkt. Legen Sie den Kopf zwischen die Hände und die Unterarme. Die Ellbogen sollen das Gewicht des Körpers tragen. Strecken Sie die Beine und heben Sie das rechte Bein so hoch wie möglich, mindestens drei Atemzüge lang. Tun Sie dasselbe mit dem linken Bein. Dann entspannen Sie sich.

Beginnen Sie die Übungen mit der Atemgymnastik Nr. XIII.

109 Der Rabe, Variante (Kakâsana)
Stärkt die Muskeln der Hände, der Arme, der Schultern, des Rückens und lockert die Kniegelenke.

Gehen Sie in die Hocke, die Füße gespreizt, etwa 30 Zentimeter voneinander entfernt, die Arme zwischen den Knien. Führen Sie die Hände hinter den Fersen vorbei zur Außenseite der Füße. Sodann verlagern Sie das Gewicht des Körpers auf die Hände, indem Sie die Füße vom Boden abheben. Bleiben Sie mehrere Atemzüge lang in dieser Stellung. Dann entspannen Sie sich.

110 Die Zange, nach oben (Urdwa-Paschimatanasana)
Stärkt die Muskeln des Rückens, der Schenkel, der Arme und des Unterleibs, läßt Fettpolster am Bauch verschwinden.

Setzen Sie sich, die Beine angezogen, die Fersen berühren nach Möglichkeit das Gesäß. Fassen Sie mit der rechten Hand die große Zehe des rechten Fußes und mit der linken Hand die große Zehe des linken Fußes. Atmen Sie ein und heben Sie langsam die Beine, bis sie vollständig ausgestreckt sind. Jetzt sitzen Sie im Gleichgewicht auf dem Gesäß. Versuchen Sie, beim Ausatmen mit dem Kopf die Knie zu berühren. Sobald Sie einige Übung haben, können Sie mehrere Atemzüge lang in dieser Stellung bleiben. Danach entspannen Sie sich.
Konzentrieren Sie sich auf das Manipura Chakra.

»Glaubt nicht dem Zeugnis der alten Schriften;
glaubt nicht, weil euer Volk daran glaubt,
oder weil man es euch von Kind auf glauben lehrte.
Wendet eure Vernunft auf sie an; prüft sie.
Wenn ihr sie gut findet, für alle und jeden,
dann glaubt sie, lebt sie und helft eurem Nächsten,
auch danach zu leben.« Buddha

109

110

111

111 Die Schildkröte (Kurmasana)

Dehnt die Beinmuskeln, lockert den Rücken, macht die Wirbelsäule beweglich. Erhöht die Blutzufuhr zur Kehle, erhält die Jugendlichkeit des Nervensystems.

Setzen Sie sich, die Beine gespreizt. Heben Sie die Knie leicht an, um die Arme unter den Schenkeln nach hinten schieben zu können, die Handflächen nach unten. Berühren Sie mit dem Kinn den Boden. Atmen Sie tief. Dann entspannen Sie sich. Konzentrieren Sie sich auf das Vischuda oder das Sahasrara Chakra.

Für einen Orientalen ist der Lotossitz oder der Schneidersitz eine ganz natürliche Sache. Wir Abendländer haben für unseren Körper von frühester Jugend an immer eine Stütze oder eine mehr oder weniger bequeme Sitzgelegenheit benötigt. Aus diesem Grunde findet man unter uns selten jemand, der sich im Lotossitz behaglich fühlt.

Daher der Aufbau der Stellungen, die mit Sorgfalt und Ausdauer geübt werden müssen.

Für diejenigen, die den Lotossitz vollkommen beherrschen, befinden sich in diesem Anhang einige Übungen aus meinem Buch »Manuel pratique du Yoga«.

Vergessen Sie nicht, daß es notwendig ist, die Yogaübungen jedem einzelnen anzupassen und nicht zu versuchen, mit aller Gewalt das Niveau der orientalischen Eingeweihten zu erreichen.

Gesundheit und Gleichgewicht sind schwer wieder zu erlangen, wenn sie einmal verloren sind.

112 Der Kopfstand (Shirshasana)

Alles, was Sie über die günstigen Auswirkungen des Kopfstandes gelesen oder gehört haben, ist richtig, aber nur, wenn Ihre Adern elastisch und gesund sind, Ihr Blutdruck normal, und wenn Sie kräftige Rückenmuskeln und eine fehlerlose Wirbelsäule haben. Setzen Sie nicht Ihren Ehrgeiz darein, auf den Kopf zu stehen, koste es, was es wolle. Wenn einmal ein Unfall passiert ist, ist es zu spät. Niemand kennt den Zustand seiner Adern.

Da ich bei meinen Yogakursen immer sehr vorsichtig bin, sind mir noch niemals derartige Unfälle vorgekommen. Aber in Zusammenarbeit mit mehreren Ärzten habe ich einige unglückliche Fälle kennengelernt.

Vor allem dürfen Sie Ihr Körpergewicht nie auf den Kopf stüt-

zen. Es darf nur auf den Unterarmen lagern. Nehmen Sie nie eine Stellung ein, bei der der Kopf als Stütze dient.
Stärkt die Muskeln des Rückens, des Halses und der Arme, bekämpft die Krampfadern.
Nicht zu empfehlen bei Stirnhöhlenkatarrh und Schnupfen, zu hohem Blutdruck, Gesichtsneuralgie, bei roten Äderchen in den Augen oder bei Schäden der Wirbelsäule.

Knien Sie nieder, die Unterarme auf dem Boden, die Hände zusammen, die Finger verschränkt. Legen Sie den Kopf zwischen die Hände und die Unterarme, die Daumen stützen den Hinterkopf. Die Ellbogen sind nicht zu weit voneinander entfernt, sie haben das Gewicht des Körpers zu tragen. Ziehen Sie die Knie an die Brust heran, dann heben Sie die Beine, bis sich die Oberschenkel in senkrechter, die Unterschenkel in waagrechter Lage befinden. Wenn Sie in dieser Stellung ganz sicher stehen, strecken Sie die Beine aus. Bleiben Sie einige Sekunden in dieser Stellung; nach und nach verlängern Sie die Zeit. Kehren Sie langsam in die Ausgangsstellung zurück. Dann entspannen Sie sich mindestens 5 Minuten lang.

113 Der Lotossitz (Padmasana)

Regt die Verdauung nach der Mahlzeit an, macht Knie und Knöchel gelenkig, schafft Erleichterung bei Rheumatismus, beruhigt die Nerven.

Setzen Sie sich, die Beine ausgestreckt. Beugen Sie das rechte Bein und legen Sie den Spann so hoch wie möglich auf den linken Schenkel. Dann beugen Sie das linke Bein und legen den Fuß auf den rechten Schenkel. Legen Sie den Handrücken auf die Knie. Daumen und Zeigefinger zusammen. Üben Sie in dieser Stellung Tiefenatmung.

114 Die Embryostellung (Garbhasana) - für Anfänger

Setzen Sie sich im Lotossitz, legen Sie Ihr Gewicht auf das Gesäß und heben Sie die Knie bis nahe an die Schultern. Der Rücken bleibt schön gerade. Schließen Sie die Hände zur Faust, strecken Sie den Zeigefinger nach oben. Die Unterarme drücken gegen die Knie. Atmen Sie tief. Dann entspannen Sie sich.

115 Die Embryostellung (Garbhasana)

Verlangsamt die Vitalfunktionen; die Stellung darf daher nicht zu lange eingehalten werden. Schafft Abhilfe bei Verstopfung, stärkt Rückenmuskeln und Unterleib.

Setzen Sie sich im Lotossitz, führen Sie die Arme unter den Kniekehlen durch. Verlagern Sie Ihr Gewicht auf das Gesäß und heben Sie die Knie bis in Schulternähe an. Schließen Sie die Hände, nur die Zeigefinger zeigen nach oben oder berühren die Ohren. Atmen Sie tief. Dann entspannen Sie sich.

116 Das Symbol des Yoga (Yoga mudra)

Stärkt die Lendengegend, bekämpft Verstopfung. Verlangsamt die Vitalfunktionen. Diese Stellung darf daher nicht zu lange eingehalten werden.

Setzen Sie sich im Lotossitz, den Rücken gerade, atmen Sie ein. Beim Ausatmen beugen Sie sich nach vorn, bis die Stirn den Boden berührt. Fassen Sie hinter dem Rücken mit der rechten Hand das linke Handgelenk. Bleiben Sie mehrere Atemzüge lang in dieser Stellung. Dann entspannen Sie sich.
Konzentrieren Sie sich auf das Manipura Chakra.

117 Die Schaukel im Lotossitz

Massiert den Rücken, regt die Vitalfunktionen an.

Setzen Sie sich im Lotossitz, fassen Sie Ihre Knie mit den Händen und schaukeln Sie nach vorn und nach hinten. Dann entspannen Sie sich.

118 Der Löwe (Simmasana)

Lockert den Rücken, besonders die Lendengegend. Verleiht Selbstvertrauen.

Setzen Sie sich im Lotossitz, die Hände flach aufgestützt neben dem Gesäß, das Sie nun anheben. Gleiten Sie mit den Händen nach vorn, die Beine bleiben im Lotossitz unter dem Körper. Bleiben Sie einige Atemzüge lang in dieser Stellung. Dann entspannen Sie sich.
Konzentrieren Sie sich auf das Muladra Chakra.

119 Der Lotossitz, angehoben (Uttitha-Padmasana)

Entwickelt die Muskeln der Hände, der Arme, der Schultern und des Unterleibs.

Setzen Sie sich im Lotossitz Nr. 113, die Hände neben dem Gesäß. Versuchen Sie, sich so hoch wie möglich vom Boden abzuheben. Atmen Sie tief. Dann entspannen Sie sich.

120 Der Fisch (Matsyasana)

Entwickelt Brust und Rücken, gut gegen Steifheit des Nackens. Durchblutet die Schilddrüse und die Mandeln, gutes Mittel gegen Halsbeschwerden.
Nicht geeignet bei Überfunktion der Schilddrüse und Schäden des Genicks.

Setzen Sie sich im Lotossitz. Beugen Sie den Oberkörper nach hinten, stützen Sie sich dabei auf die Ellbogen. Der Körper liegt flach auf dem Boden ohne daß die Knie angehoben werden. Bleiben Sie in dieser Stellung so lange wie möglich, dabei atmen Sie tief. Dann entspannen Sie sich.
Konzentrieren Sie sich auf das Vischuda Chakra.

121 Lotos als Kerze (Sarvang-Padmasana)

Stärkt die Muskeln des Unterleibs, des Rückens und der Arme. Hat eine günstige Wirkung auf die Schilddrüse.

Setzen Sie sich im Lotossitz. Neigen Sie sich langsam nach hinten. Dann heben Sie die Knie und den Rücken, so daß das Körpergewicht auf dem Nacken und den Schultern ruht. Die Arme sind am Körper angelegt, die Schenkel ruhen auf den Händen.
Konzentrieren Sie sich auf das Vischuda Chakra.

122 Der Lotos, umgekehrt (Urdwa-Padmasana)

Ähnliche Stellung wie der Kopfstand. Hat die gleiche belebende Wirkung bei gleichen Gegenindikationen. Lockert die Gelenke der Knie und der Knöchel, verleiht bessere Körperbeherrschung. Diese Übung können Sie nur ausführen, wenn Sie den Lotossitz mühelos beherrschen.

Nehmen Sie die Stellung Nr. 112, Kopfstand, ein. Dann lassen Sie den rechten Fuß entlang dem linken Bein bis zur Leiste heruntergleiten. Hierauf beugen Sie das linke Bein und legen den linken Fuß gegen das rechte Bein, so daß Sie sich in der Lotosstellung befinden. Als Variante können Sie auch die Knie bis in die Nähe der Arme senken.

123 Pflug in Lotosstellung (Hal-Padmasana)

Wirkt auf Hals- und Rückenmuskeln und auf den Unterleib sowie auf die inneren Organe und die Schilddrüse.

Setzen Sie sich im Lotossitz. Neigen Sie sich langsam nach hinten, heben Sie dann die Knie und den Rücken an, das Gewicht des Körpers ruht auf dem Nacken und den Schultern. Versuchen Sie, die Knie hinter dem Kopf auf den Boden zu legen, die Arme sind hinter dem Rücken ausgestreckt. Bleiben Sie einige Atemzüge lang in dieser Stellung. Dann ruhen Sie sich aus.

Begrüssung der Sonne (Sûrya namaskaram)

Diese Übung allein, täglich ausgeführt, genügt - auch unabhängig von den übrigen Stellungen - um einen geschmeidigen Körper und eine stabile Gesundheit zu erhalten.

Eine Gelenkigkeitsübung, die auf harmonische Weise Atemübungen und die wichtigsten Asanas verbindet.

1 Stehen Sie aufrecht, die Hände in Brusthöhe gefaltet, die Füße nebeneinander; atmen Sie aus.

2 Heben Sie die Arme so hoch wie möglich; dabei atmen Sie tief ein.

3 Beugen Sie den Körper nach vorn, die Hände berühren neben den Füßen den Boden, der Kopf soll die Knie berühren. Atmen Sie aus.

4 Strecken Sie das rechte Bein nach hinten, das Knie am Boden. Das linke Knie ist gebeugt, der Fuß zwischen den aufgestützten Händen. Heben Sie das Kinn so hoch wie möglich. Atmen Sie ein.

5 Nun strecken Sie das linke Bein auch nach hinten, zum Liegestütz. Die Arme sind gestreckt. Atmen Sie tief aus.

6 Beugen Sie die Arme und lassen Sie den Körper auf dem Boden ruhen. Vier Punkte des Körpers - Brust, Hände, Knie und Zehen - berühren den Boden. Atmen Sie noch nicht ein.

7 Heben Sie Kopf und Oberkörper indem Sie die Arme strekken. Beine und Becken bleiben auf dem Boden. Atmen Sie tief ein.

8 Lassen Sie Hände und Füße am Boden und drücken Sie den ganzen Körper nach oben zum »großen Katzenbuckel«. Dabei atmen Sie aus.

9 Wie Stellung 4, jedoch das rechte Bein nach vorn, gebeugt, das linke nach hinten, am Boden. Atmen Sie ein.

10 Nun ziehen Sie das linke Bein an und stellen den Fuß neben den rechten. Die Hände bleiben auf dem Boden, die Beine sind gestreckt, wie bei Stellung 3. Atmen Sie aus.

11 Richten Sie sich auf, heben Sie die Arme so hoch wie möglich, wie Stellung 2, und atmen Sie ein.

12 Falten Sie die Hände in Brusthöhe, wie Stellung 1; atmen Sie aus.